en agradecimiento

Este libro surgió como una mera compilación de notas que tomé durante incontables visitas a hogares de familias con niñas*, y luego floreció y se convirtió en un extraordinario viaje en compañía de mucha gente a quien le estoy profundamente agradecida por sus contribuciones, observaciones y apoyo. Quiero darles las gracias a las niñas, con quienes tuve la fortuna de trabajar, observar y aprender muchísimo. También quiero agradecerles a los cuidadores por recibirme en sus casas, así como al grupo que revisó el libro durante su traducción, en especial a Charo Alarcón, Diana Montoya, Anna-Maria Violich-Olivíer, Andrea Serrano, LuzAngelica Schuitt, y Jinny Gonzalez por leer y releer del mismo y me brindaron una retroalimentación excepcional. Agradezco también a la comunidad académica: a María Montessori, por su colaboración y enseñanzas; a practicantes del método Montessori, con quienes he colaborado y de quienes he aprendido, y a todas las personas que me dieron retroalimentación e impulsaron este proyecto, sobre todo Rosie Bachelor. Agradezco a mi equipo: las ilustradoras, Alisha Nicole Brumfield, Brenda Brambila, Esma Bošnjakovic, Samantha Morales-Johnson, Sophia Marie Pappas, y Tracy Nishimura Bishop; la diseñadora de la portada, Chie Ushio; a la traductora al español, Ariadna Molinari Tato; y a las demás personas que contribuyeron con su tiempo, experiencia y talento.

En especial quiero agradecer a mi familia, tanto a la inmediata como a la extendida; tanto a la más cercana que vive en la misma calle como a la más lejana que vive en Venezuela; a mis padres, sobre todo a mi mamá, Carmen Violich-Goodin, quien desempeñó un papel esencial en el diseño gráfico del libro; y a mi esposo, Daniel, y mis niñes, Solina y Haru, que son mi razón de ser y a quienes siempre amaré. Ustedes me ayudaron a crear la mejor versión posible de este libro, y les estoy inmensamente agradecida. Gracias. —M.B.

* Quería utilizar un término neutral en cuanto al género para "el niño" en este libro, lo cual en español es bastante difícil. Para facilitar la lectura y plantear ideas sobre quién está incluido en términos centrados en los hombres, uso la palabra "la niña" para incluir a TODOS les niñes, las niñas, y los niños en este libro.

La obra de la infancia
Título original en inglés: Babies Build Toddlers
El copyright © 2025 por Mariana Bissonnette

Ilustraciones internas: el copyright © 2020 por Alisha Brumfield, Brenda Brambila, Esma Bošnjaković, Samantha Morales-Johnson, Sophia Maria Pappas, y Tracy Nishimura Bishop. Véase la sección "Acerca de las ilustraciones" para saber más sobre la contribución de cada ilustradora al libro.

Número de control de la Biblioteca del Congreso: 2020919300

ISBN: 979-8-9996351-0-5 (pasta dura)
ISBN: 979-8-9996351-1-2 (pasta blanda)

Diseño de portada: el copyright © 2024 por Chie Ushio

Traducción al español: Ariadna Molinari Tato

Impreso y armado en Estados Unidos de América

Primera edición en inglés: diciembre de 2020
Primera edición en español: agosto de 2025

www.marianabissonnette.com

LA OBRA DE LA INFANCIA

Una guía Montessori para los primeros 18 meses

MARIANA BISSONNETTE

carta al público lector

ola! Soy Mariana Bissonnette y soy educadora Montessori de 0 a 6 años, así como orgullosa madre de dos niñas. En mi experiencia como educadora, no dejan de sorprenderme las capacidades y el potencial de las niñas al inicio de su vida. Sin embargo, ser madre presenta otras dificultades. Me sentía abrumada, vulnerable y exhausta. Como educadora, sabía que los primeros años eran de suma importancia para mis niñas, pero como madre me estaban resultando muy difíciles. ¿Cómo lo hacían otros cuidadores? Me pregunté entonces cómo podíamos ayudar a mis niñas a desarrollar su potencial.

En estos tiempos, lo más común es criar en aislamiento y, por tanto, es lógico buscar apoyo. No obstante, aunque encontrar (o crear) redes de apoyo es esencial para los cuidadores, no resuelve la otra mitad de nuestro problema: la importancia del desarrollo infantil de cada niña. La médica y educadora María Montessori abordó este dilema hace muchos años y llegó a una posible solución: una *asistente* a la infancia.[1] Esa asistente sería una educadora con el conocimiento necesario sobre desarrollo infantil, materiales de apoyo y tiempo para brindar asistencia a los cuidadores durante esos primeros años formativos. De ese modo, los cuidadores tendrían el apoyo y la información necesarios para ayudar a su niña a desarrollar su potencial. Suena increíble, ¿verdad? ¡Y lo es!

Después de obtener mi certificación Montessori de 0 a 3 años, me convertí en "asistente" dentro de un programa comunitario fundado por mí, llamado PEACE (acrónimo en inglés de *Parent Education and Child Empowerment*, que significa "educación parental y empoderamiento infantil"). Al desempeñarme en ese nuevo papel, descubrí lo verdaderamente poderoso que es este modelo. Cuando los cuidadores reciben más apoyo, tienen más tiempo y energía para cubrir las necesidades de desarrollo de sus niñas. Y, una vez que dichas necesidades están cubiertas, se vuelve más sencilla el proceso de crianza. Es un ciclo de retroalimentación extraordinario, en donde apoyar a una parte implica apoyar a la otra. ¡Y todas salen ganando! Con la intención de brindar este mismo apoyo a más familias, escribí este libro.

* Quería utilizar un término neutral en cuanto al género para "el niño" en este libro, lo cual en español es bastante difícil. Para facilitar la lectura y plantear ideas sobre quién está incluido en términos centrados en los hombres, uso la palabra "la niña" para incluir a TODOS los niños en este libro.

Reconocimiento territorial

La labor comunitaria que contribuyó a la redacción de este libro y el lugar en el que fue escrito forman parte del territorio no cedido de Huchiun, parte de la tierra ancestral de la comunidad Lisjan Ohlone, quienes tradicionalmente hablan la lengua chochenyo (Oakland, California). Te invito a que conozcas, reconozcas y honres la tierra en la que vives y a sus pueblos originarios. Para obtener más información y, como yo, ofrecerle a Shummi, visite www.sogoreate-landtrust.org.

El momento histórico que nos tocó vivir

Este libro se terminó de escribir durante la pandemia de la Covid-19 y en el auge de la solidaridad internacional hacia el movimiento Black Lives Matter en contra de la brutalidad policial, el racismo y la supremacía blanca. Estos episodios han dejado expuestas las raíces profundas del racismo y las políticas públicas que las alimentan. También, han dado paso a las voces esenciales de líderes afrodescendientes e indígenas que desde hace mucho se dedican a llevar a la sociedad hacia un futuro antirracista. Como autora blanca.[2] debo reconocer que el papel de autoría que desempeño está amplificando y centrando mi voz —una voz de mujer blanca. Es muy común que las voces blancas se amplifiquen a costa del silencio de las personas afrodescendientes, indígenas, y de las personas de la mayoría global."[3] Por ende, quiero pedirte que comiences tu viaje hacia la crianza desde otro lugar, que escuches las voces de educadoras y defensoras dentro y fuera de la comunidad Montessori que nos guían hacia una educación antirracista y libre de prejuicios para todos, desde el nacimiento. La siguiente lista de recursos (en inglés) no es más que el punto de partida, pero espero que la tuya crezca tanto como la mía:

- **Britt Hawthorne:** www.britthawthorne.com; Raising Antiracist Children (2022)
- **Daisy Han:** www.embracingequity.com
- **Dr. Kira Banks:** www.raisingequity.com
- **Tiffany Jewell:** www.anti-biasmontessori.com; *This Book Is Anti-Racist* (2020)
- **Trisha Moquino:** www.indigenouscheerleader.com; www.kclcmontessori.org

Parte de las ganancias de este libro se usarán para crear más oportunidades de capacitación en educación Montessori de 0 a 3 años para personas afrodescendientes, indígenas y de la mayoría global. Agradezco que estés aquí y espero que disfrutes este libro.

—Mariana Bissonnette, 13 de julio de 2020[4]

"Pero, hablando desde un punto de vista práctico,

¿Cómo puede educarse un niño apenas nacido o en el primero o segundo

año de vida? ¿Cómo dar lecciones a una criatura que no entiende nuestra palabra

y que ni siquiera sabe moverse? ¿O acaso, cuando hablamos de educación de los

bebés, nos referimos solamente a la higiene? En absoluto. "

—María Montessori, *La mente absorbente del niño* [5]

Ilustraciones de los agradecimientos y la introducción:

sophia marie pappas

introducción

Imagina que tienes dos objetos frente a ti y te pido que elijas el que sea mejor para la niña: un juguete orientado al desarrollo que se ha demostrado que incrementa la función cognitiva . . . ¿O la caja en la que venía dicho juguete? Dejando de lado las virtudes que se le atribuyen a jugar con una caja vacía, es probable que pienses que el primero es el mejor, ¿cierto? ¡Pues te equivocas! Aunque también te equivocarías si eliges la caja. Verás, la respuesta no es propiamente una respuesta; es una pregunta (varias, de hecho):

¿Qué edad tiene la niña? ¿Qué le interesa a la niña? ¿Hay algo que le impida a la niña usar cualquiera de los dos objetos?

Aunque es probable que estés leyendo este libro porque buscas respuestas a tus preguntas, las respuestas mismas no sirven inherentemente para apoyar a la niña. Lo que más ayuda es entender el desarrollo *detrás* de dichas respuestas, lo que implica dar seguimiento a la historia de cada niña: dónde ha estado, dónde está y adónde va. En ese sentido, este libro está pensado para ser leído como una novela; es decir, de principio a fin. Se trata de que sigas la historia de la niña, pues su historia te seguirá. Y eso te ayudará a responder tus propias preguntas, además de ser el marco de la educación Montessori.

La educación Montessori está basada en el desarrollo como un apoyo para la vida.[6] Sus pilares fundamentales se centran en entender el desarrollo de las niñas, y en prepararnos y preparar sus espacios para apoyar su desarrollo. Luego, observar a la niña y ver cómo se desenvuelve ese desarrollo. Las ideas presentadas están basadas en mi formación en Montessori, mi experiencia como educadora y como madre, y mi trabajo con familias y niñas justo como las que tienes tú. Conforme aprendas sobre desarrollo y veas a la niña crecer, es probable que llegues a conclusiones propias también (¡y espero que lo hagas!). Por suerte, Montessori y sus colegas tuvieron la amabilidad de hacer buena parte de ese trabajo (¡gracias, María!). Asimismo, encontrarás una extensa lista de referencias al final del libro para complementar tu lectura (pp. 128–140). Entonces, comencemos con:

la obra de la infancia . . .   7

la obra de la infancia

El desarrollo de cada niña se construye a lo largo de una serie de etapas sucesivas que se apilan la una sobre la otra como una torre (a lo que Montessori llamaba «autoconstrucción»[7]). Pero, a diferencia de una torre, que comienza desde abajo y luego se construye hacia arriba, el período de cimentación de los primeros tres años se parece más al crecimiento de una semilla.[8]

La semilla germina en un agujero bajo el suelo y pasa un tiempo incubándose. Es algo parecido al embarazo. La semilla se nutre de las condiciones que la rodean, así como un feto se nutre del cuerpo de la madre. A pesar de desarrollarse a gran velocidad, ni la semilla ni el feto son visibles aún.

Tras un estallido de vida, las raíces de la semilla se hunden en la tierra rica en nutrientes. Esto se asemeja al nacimiento y a los primeros 18 meses de la infancia. Las raíces construyen una base que influirá en la salud y el bienestar de la planta durante el resto de su vida. El trabajo se mantiene activo, pero, de nuevo, no se percibe a simple vista. Lo mismo ocurre en la infancia: a pesar de que el trabajo de construcción de los cimientos está activo, gran parte del mismo pasa desapercibido. Si intentamos escarbar, impulsar, medir y exigir un crecimiento visible, corremos el riesgo de arrancar las raíces de la misma base que ellas están intentando crear. En vez de eso, debemos confiar en que estamos creando las condiciones adecuadas para que las raíces crezcan.

Con un segundo estallido de vida, la semilla brota de la tierra, lo que se asemeja a la infancia temprana. La joven plántula se asoma del suelo, con una independencia recién adquirida. Cuando la niña llega a esa etapa, distingues su personalidad, lenguaje y capacidad, pero también su vulnerabilidad y delicadeza. Como con la planta recién germinada, ansiamos echar un vistazo a la persona en la que se está convirtiendo.

El desarrollo en los tres primeros años de la infancia es tan expansivo que nos obliga a preguntarnos cómo es posible que una persona tan joven logre tanto. Enfoquémonos entonces en los cuatro principales "poderes" de la infancia.

Genética

Nuestro ADN provee las instrucciones con las que nacemos, las cuales le dicen al cuerpo qué desarrollar y cuándo. Por eso, la trayectoria del desarrollo humano es (en general) predecible: la mayoría de las niñas comienza a caminar cerca del año de edad. Pero sabemos también que cada niña sigue su propio camino dentro de un cronograma básico. Por ende, la conformación de una trayectoria de desarrollo individual depende de las instrucciones genéticas propias de cada individuo, así como de sus experiencias.

Experiencias

El cerebro se desarrolla como las vías de una ciudad. Las calles más transitadas reciben más atención (pavimento, señalización, etc.) y por ende son las más populares, pues son las más eficientes. La red neuronal del cerebro trabaja de forma similar: mientras más experimente algo la niña, más fuerte y eficiente se volverá esa "vialidad". El cerebro, entonces, utilizará los senderos más eficientes para funcionar, por lo que es esencial tener una red sólida para construir un cerebro que funcione bien.

La mente absorbente

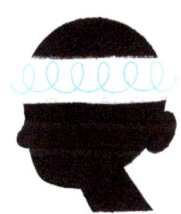

Una cosa es experimentar algo, y otra distinta es que el cerebro absorba toda la información que recibió durante esa experiencia. Ahí es donde entra en juego la habilidad especial a la que la doctora Montessori llamó "la mente absorbente"[9]. Es la capacidad única de cada niña para absorber lo que vive y apropiárselo (ella lo describía como "encarnación"[10]).

Períodos sensibles

Si la mente absorbente no está enfocada en algo en particular, se dificulta adquirir las habilidades específicas que necesitamos para convertirnos en personas adultas exitosas. Los "períodos sensibles" (también llamados "períodos críticos"[11]) funcionan como una especie de foco de atención que nos permite desarrollar ese enfoque. Por ejemplo, absorbemos los sonidos que nos rodean, pero, una vez que enfocamos nuestra atención en la voz humana, aprendemos a hablar. Reconocer estos períodos nos ayudará a saber en qué se enfoca cada niña y así poder promover la mejor manera de que adquiera esas habilidades.

los períodos sensibles vistos de cerca

Montessori dio con la idea de los "períodos sensibles" al estudiar el trabajo del biólogo, Hugo DeVries,[12] quien observó que, durante su juventud, las orugas poseen una sensibilidad especial a la luz. Al ser sensibles (o sentirse atraídas) a la luz, las jóvenes orugas se sienten motivadas para dejar la seguridad del centro de la planta y comer de las hojas suaves en las orillas. Cuando crecen y sus mandíbulas maduran, esta sensibilidad se desvanece, y las orugas se quedan en el centro de la planta. Estos períodos de atracción (o sensibilidad) ayudan a que la oruga se enfoque en el desarrollo de una habilidad particular (madurez mandibular). La doctora Montessori observó sensibilidades similares en los primeros seis años de la infancia, en particular al movimiento,[13] el lenguaje,[14] y el orden.[15] Los períodos sensibles se empalman y son transitorios (o sea que su intensidad viene y va).[16] Por lo tanto, a pesar de ser predecibles, no siempre son fáciles de distinguir entre sí. Para identificarlos, debemos primero entender cómo se manifiestan.

movimiento

Si te levantas de la mesa durante la cena, la niña se levantará de la mesa cuando sea también. Si estamos conscientes de su enfoque al movimiento, podremos modelarle lo que queremos que absorban. En este período, el enfoque está puesto en el movimiento coordinado voluntario y dura hasta los 6 años.

lenguaje

Si le muestras a la niña cómo hacer algo (movimiento) al mismo tiempo que le explicas cómo hacerlo (lenguaje), es probable que la mitad de la información se pierda, pues la niña está intentando enfocarse en ambas cosas. Lo mejor, es mostrar y luego explicar. Esta sensibilidad dura hasta los 6 años.

orden

La función de este período sensible es clasificar y categorizar los estímulos que recibe el cerebro. Esto incluye el orden físico, así como en la previsibilidad de la rutina ("orden temporal"). Esta sensibilidad dura de 1 a 3 años.[17] Y saberlo te ayudará a crear más previsibilidad que no para la niña.

la página más importante en este libro

Entre los esfuerzos de las niñas y lo que ya está presente en su vida, quizá nos resulte complicado entender del todo nuestro rol. En vez de ser "maestros" que inculcan cómo debe ser el desarrollo, somos guías[18] que saben que estas instrucciones ya vienen programadas. Somos entonces como jardineras cuya tarea esencial es crear las condiciones necesarias que le permitan a la planta crecer como se debe. Por esa razón, consideremos cuál es la mejor manera de desempeñar este rol, dependiendo de si estamos apoyando el desarrollo (las raíces) o del entorno que garantiza un crecimiento sólido (las condiciones):

Tu rol y las raíces

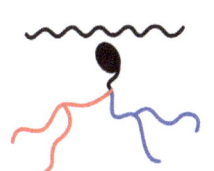

El cerebro y el cuerpo se enfocan en desarrollar las raíces (así como la semilla se enfoca en hacer crecer una planta). En la infancia temprana, los enfoques del desarrollo infantil se centran en la coordinación de los movimientos y en construir el lenguaje. No puedes aprender los movimientos ni el lenguaje por las niñas; las niñas tienen que aprenderlos por cuenta propia. Por ejemplo, no necesitan que les "enseñes" a gatear; solo mueven el cuerpo hasta que lo hacen. Tu rol esencial, por lo tanto, es no estorbarle durante el desarrollo del lenguaje o de los movimientos y ser una inspiración para que se mueva y hable todavía más.

Tu rol y las condiciones

Las condiciones permiten que las raíces crezcan (como lo hacen la tierra, el agua y el sol en el caso de la planta). Para las personas, estas son la comida (combustible), el sueño (el procesamiento del desarrollo) y la higiene (cómo evitamos las enfermedades). Al principio, las niñas no son capaces de hacer estas tareas por cuenta propia, pero adquirirán esa capacidad cuando su cuerpo se desarrolle. Por ejemplo, los cuidados alimentan a la niña y luego la niña puede alimentarse sola. En algún momento, tenemos que *transferir* esta responsabilidad. Tu rol es satisfacer sus necesidades mientras las niñas no puedan, y luego *dejar que se hagan cargo* una vez que adquieran la capacidad de hacerlo.

La obra de la infancia está organizado en torno a estas raíces y condiciones, y cada sección las sigue. ¡Emprendamos el viaje entonces!

"El cerebro crece más durante los primeros 1000 días
que en cualquier otro período de la vida. La arquitectura básica del cerebro,
que proporciona un fundamento para todo futuro aprendizaje, conducta y salud,
se construye mediante un proceso continuado que comienza
antes del nacimiento y continúa hasta la edad adulta."

—Roger Thurow, *Los primeros 1000 días* [19]

índice

"Solo una cosa no puede hacer la vida: detenerse, pararse.

La independencia no es estática, es una continua conquista…

El primer instinto del niño es actuar por sí solo, sin ayuda de nadie,

y su primer acto consciente de independencia es

defenderse de los que intentan ayudarlo."

—María Montessori, *La mente absorbente* [20]

la planta:

los caminadores que construyen los bebés

ilustraciones de:

brenda brambila *(¡yo!)*   esma bošnjaković *(¡yo sola!)*   tracy nishimura bishop *(máximo esfuerzo)*

los caminadores que construyen los bebés

Vamos a empezar por el final de nuestra historia en vez de por el principio, porque puede ser difícil crear las condiciones esenciales para nuestra semilla si no sabemos qué tipo de planta estamos ayudando a crecer. ¿Cómo se supone que debe verse? ¿Cuánto sol necesita? ¿Cuánto espacio necesita para crecer?

Para ello, cabe hacerse varias preguntas: ¿cómo son los caminadores (niños de 18 a 38 meses)?, ¿qué capacidades está intentando construir?, ¿y, qué fundamentos le permitirán alcanzar su potencial? Resulta ser que existen tres hitos del desarrollo esenciales que aparecen justo alrededor de los 18 meses. Y observarlos nos puede ayudar a abordar estas ideas importantes:

¡yo!

¡yo sola!

máximo

esfuerzo

¡yo!

Cerca de 18 meses, la niña incorpora la palabra "yo" a su vocabulario.[21] Es su forma de decirle al mundo: "¡me veo como mi propia persona!" Y es que, como podrás imaginar, ese no fue siempre el caso. Su vida comenzó en el útero, donde la línea entre "tú" y "yo" es borrosa, e incluso después del nacimiento hubo mucho apego hacia ti y dependencia de ti. Y, si bien esta interacción entre el yo y la comunidad es una constante a lo largo de la vida en la que nos formamos unas a otros, la declaración del "yo" es un momento de claridad para la niña sobre su capacidad de agencia en su propia vida. Al respetar que desde el nacimiento han tenido sus propias ideas, decisiones y preferencias, nos ponemos en la mejor posición para apoyar su creciente sentido de sí mismo durante el segundo año y medio de vida. En este libro, a eso le llamo "identidad."

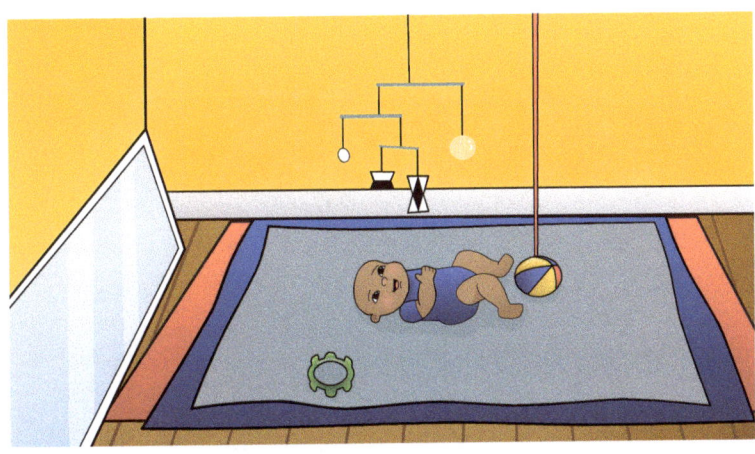

¡yo sola!

También cerca de 18 meses, la niña se hace valer y exige que se le permita comenzar a hacer las cosas por cuenta propia.[22] No siempre ha estado claro quién lleva la carga de la responsabilidad para satisfacer sus necesidades. En el vientre, esas necesidades se satisfacían automáticamente, pues recibía nutrientes directamente del cordón umbilical y vivía en condiciones casi perfectas. Después del nacimiento, tú seguiste atendiendo esas necesidades, pero la niña necesitaba comunicarlas de forma activa. Con el tiempo, y conforme fue construyendo sus capacidades, comenzó a hacerse cargo de algunas de esas necesidades por sí misma. Cuando la niña afirma "Yo sola" (ya sea con acciones o palabras), lo que en realidad está diciendo es: "Yo debería hacerme cargo de mis necesidades (¡no tú!)". Si le permitimos hacer lo que es capaz de hacer desde que nació, estaremos dejando crecer las raíces de la capacidad para justificar su insistencia en hacer las cosas por cuenta propia (porque en realidad puede hacerlas). En este libro, a eso le llamo "capacidad".

¡máximo esfuerzo!

Es de esperar que alrededor de los 18 meses de edad, casi sin falta, la niña busque realizar las tareas más imposibles: desde intentar cargar la bolsa del supermercado más pesada hasta intentar empujar un carro lleno de piedras. Este es el momento del desarrollo en el que considera que puede hacer cosas difíciles. Esa es la actitud y la motivación que necesita para desarrollar las habilidades de independencia que busca adquirir. Cuando ejerce su máximo esfuerzo,[23] lo que en realidad está diciendo es: "Voy a hacer el esfuerzo y trabajo necesarios para lograrlo todo". Si apoyamos sus motivaciones e intereses desde el nacimiento, crecerán las raíces que la niña necesita para superar las dificultades y ser tan capaz como está intentando ser. En el libro, a esto le llamo "perseverancia".

resumen

Como ya viste, el segundo año y medio de vida (18 a 36 meses) es la plántula que sale de la semilla y se asoma por encima de la tierra; es el empujón que da la vida hacia afuera durante la infancia temprana y la niñez. Es una ventana de oportunidad en la que cada niña tiene la motivación e inercia para hacerse cargo de su propia existencia. Esta oportunidad se maximiza cuando le permitimos apoyarse en una base sólida de habilidades y conocimientos sobre su infancia temprana que respaldan el desarrollo que se avecina. Quizá parezca que aún está muy lejana, pero el apoyo a la niñez comienza con el apoyo a la infancia temprana.

Por lo tanto, daremos seguimiento a estas tres ideas fundamentales —identidad, capacidad y perseverancia— al tiempo que observamos el crecimiento específico de las raíces del desarrollo de los primeros 18 meses y las condiciones que sustentan el crecimiento infantil.

Cómo fomentar la identidad en la niña:

Ve a la niña como una persona con intereses, necesidades y decisiones propias a partir del momento en que nace. De ese modo, crecerá con un sentido de agencia sobre su vida (lo que evita muchas de las rabietas que exigen esa autonomía más adelante)..

Cómo fomentar la capacidad en la niña:

Deja que haga lo que sea capaz de hacer . . . ¡Tan pronto como pueda! De ese modo, cuando insista en que puede hacer cosas por cuenta propia, por ahí de los 18 meses de edad, genuinamente podrá hacerlo.

Cómo fomentar la perseverancia en la niña:

Presta atención a sus motivaciones e intereses desde el nacimiento. Así, cuando se esfuerce al máximo, tendrá la perseverancia necesaria para sortear los obstáculos y triunfar.

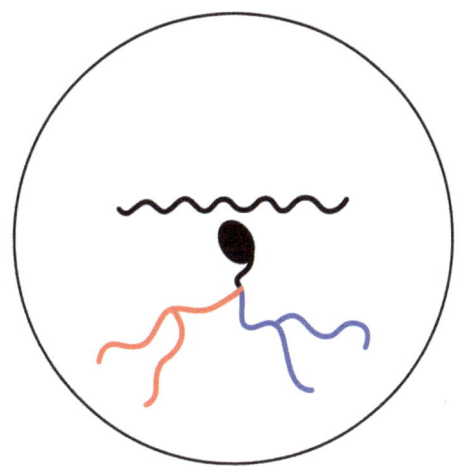

las raíces:

el enfoque del desarrollo

ilustraciones de:

samantha morales-johnson   esma bošnjaković

introducción a las raíces

¡Bienvenido a las raíces! Aquí nos enfocaremos en el desarrollo, tanto del movimiento como del lenguaje. Cada sección tendrá el siguiente formato:

- ¿Por qué es importante este desarrollo?
- El cronograma de este desarrollo
- ¿Qué favorece este desarrollo?
- ¿Qué limita este desarrollo?
- Este desarrollo y la transición a los 18 meses

Breves recordatorios sobre "los desarrollos":

- **El desarrollo**: Es aquello en lo que el cerebro y el cuerpo se enfocan.
- **Rol de los cuidadores**: Es aquello que no puedes hacer por la niña. Son las cosas que hace por su cuenta desde el principio.
- **Actividades y materiales**: El objetivo de las actividades y materiales (juguetes) que le das a la niña debería de inspirar o estimular su desarrollo (no impedirlo). Digamos, por ejemplo, que compras una sonaja maravillosa, pero la niña solo quiere jugar con la caja; la caja, en este caso, sería más importante, pues está inspirando a la niña a coordinar sus movimientos para jugar con ella. Cuando respetamos sus intereses (identidad), mejoran sus habilidades (capacidad), y la niña aprovecha sus intereses y fomenta la motivación que requiere para superar los obstáculos (perseverancia).

Cronogramas:

Al examinar cada desarrollo, usaré una serie de cronogramas —como la tabla de períodos sensibles que te presento aquí abajo. Ten en cuenta que son cronogramas generales, basados en la fecha esperada del parto (no la fecha de nacimiento). Sin embargo, si tienes dudas o preocupaciones sobre el desarrollo específico de la niña, consúltalas con tu pediatra.

	nacimiento	6 *meses*	12 *meses*	18 *meses*
Períodos sensibles*	El movimiento (nacimiento – 6 años)			
*Se presentan solo algunos de los períodos sensibles	El lenguaje (nacimiento – 6 años)			
				El orden (1 – 3 años)

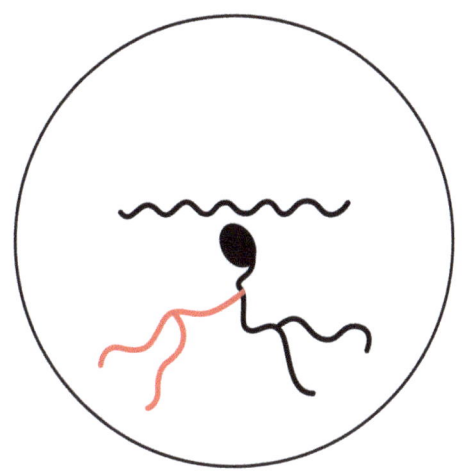

el movimiento:

la primera raíz

ilustraciones de:

samantha morales-johnson

¿por qué importa el movimiento?

El movimiento es nuestra primera raíz porque, sin movimiento, nada más es posible: ni hablar, ni autorregularse, ni jugar, ni... ¡Nada![24] De hecho, aunque muchas personas crean que el cerebro está programado para aprender, en realidad está programado para moverse.[25] El aprendizaje es solo el resultado de cómo interactuamos con nuestro entorno y cómo nos movemos en él.

Tiempo

Existe un recubrimiento grasoso llamado "mielina" que protege las señales entre el cerebro y el cuerpo.[26] Es como la cubierta de hule de un cable eléctrico, que protege la conducción de electricidad desde la toma de corriente hasta la lámpara. Sin esa protección, la electricidad no llegaría a su destino. Lo mismo pasa en el cuerpo: hasta que algo no esté mielinizado, el cerebro no puede controlarlo, pues la señal se pierde en el camino. Podemos saber que la mielina está haciendo su trabajo en la conducción de señales a una parte del cuerpo cuando la niña logra controlar esos músculos (por ejemplo, cuando la niña es capaz de sostener la cabeza, la mielina ya está en el cuello). La mielina en el cuerpo se desarrolla de arriba hacia abajo y de adentro hacia afuera (o de la cabeza a los pies y del torso a las manos).[27]

cronograma del movimiento[29]

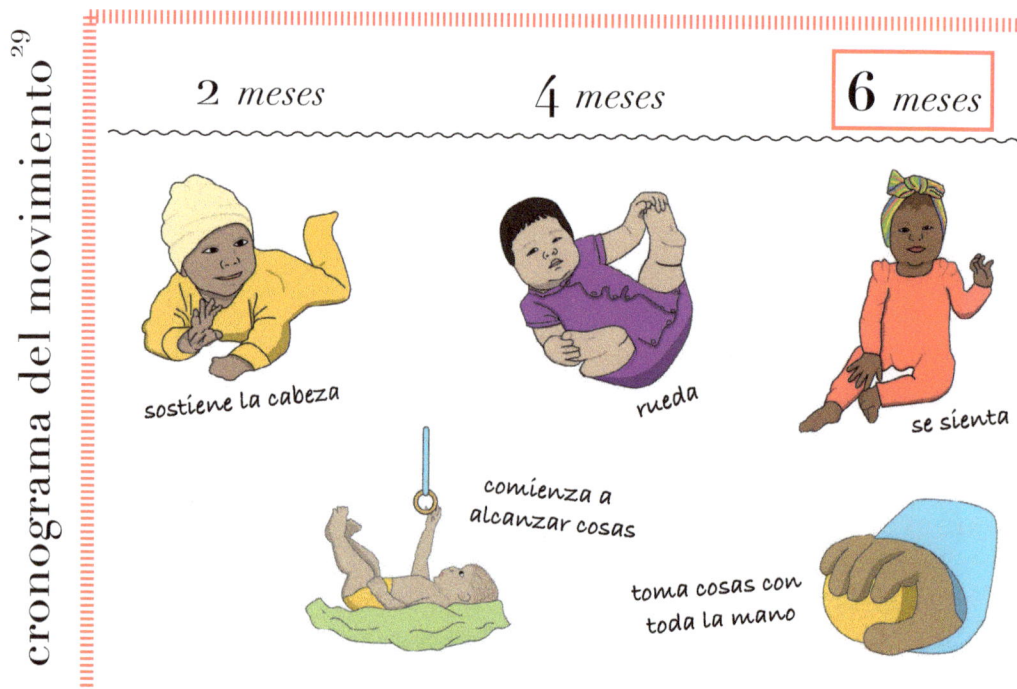

2 *meses*

4 *meses*

6 *meses*

sostiene la cabeza

rueda

se sienta

comienza a alcanzar cosas

toma cosas con toda la mano

Práctica

La práctica hace a la maestra, ¿cierto? ¡Cierto! Y la mejor forma de practicar movimientos motrices es, pues... ¡Moverse! Puede parecer obvio, pero, si de verdad contabilizas cuánto tiempo al día las niñas pueden moverse con libertad, verás que quizá sea menos de lo que te gustaría. Darle a la niña un espacio seguro y sin restricciones de tiempo en el piso es la mejor manera de permitirle desarrollar su coordinación motriz. Esto significa decirle sí al piso y no al moisés, así como tiempo limitado en el rebozo, la carriola y el asiento del coche. El punto es que, si dejas que se mueva (capacidad), podrá hacerlo.

Interés

El objetivo de los juguetes debería ser inspirar más movimiento (no menos).[28] Pero ¿cómo inspiras el movimiento en la niña si apenas si tiene control motriz y apenas si tiene la habilidad de ver lo que le estás dando? Bueno, en vez de esperar a que sus capacidades motrices maduren para darle algo que hacer, solo ajusta sus espacios y juguetes a las habilidades motrices que sí tiene. Esto podría implicar instalar un móvil sobre la cuna de una recién nacida en vez de darle una sonaja que no pueda sostener. Al hacer que los juguetes sean accesibles, permiten desarrollar el interés desde el principio. Esto es lo que les da a las niñas la motivación para adquirir nuevas habilidades, incluso si es difícil (perseverancia).

8 *meses* — gatea · oposición de de pulgar y dedo

10 *meses* — se apoya para levantarse · pinza con los dedos

12 *meses* — camina

crear un espacio para inspirar el movimiento

Quizá parezca que es una gran idea basarse en las expectativas del desarrollo motriz para decidir cómo organizar tus espacios, pero a veces es muy fácil perderse en un mar existente de información sobre el desarrollo infantil. Así que echemos un vistazo a algunas nociones del "panorama general" para inspirar el movimiento de la niña en tu espacio.

Los tres trimestres del movimiento

Habrás notado en el "Cronograma de movimiento" (pp. 24-25) que la infancia temprana tenía marcados puntos de transición hacia la siguiente fase de sentarse y caminar (o a los 6 y 12 meses de edad). Estos hitos motrices específicos son importantes porque cambian la posición del cuerpo para que esté más erguido y, por lo tanto, cambian el tipo de espacios y juguetes que le interesarán a la niña. Antes de sentarse, sus intereses se centran sobre todo en cosas que les cuelgan encima (porque pasa su tiempo mirando hacia arriba). Pero, cuando comienza a sentarse, su enfoque cambia hacia lo que tienen enfrente: dónde está el juguete, a dónde va cuando se cae, cómo interactúa con otros juguetes, etc. Por último, cuando se para y puede moverse, sus intereses se centran en el movimiento (primero el propio y luego el de los juguetes) de un lugar a otro.

Todo lo que la niña puede hacer es todo lo que debe hacer

Lo que quizás sea menos notorio en el cronograma es cómo el movimiento se desarrolla con el tiempo. Para poder hacer un nuevo movimiento, la niña solo necesita seguir practicando las habilidades motrices que ya tiene. No hace falta acomodar a la niña para que se siente, como tampoco se necesita "enseñarle" a rodar o gatear para que aprenda a hacerlo.

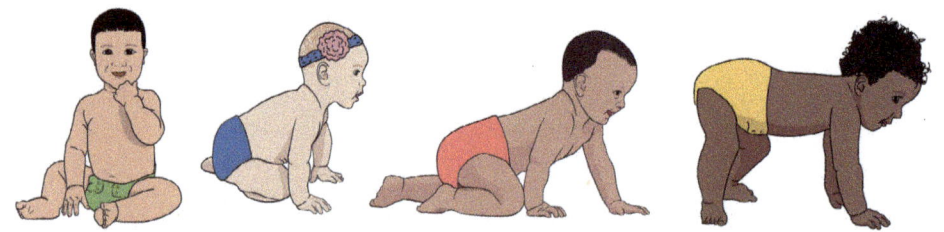

Nuestro trabajo es darle libertad a los movimientos que la niña puede hacer y darle inspiración para que se mueva aún más.

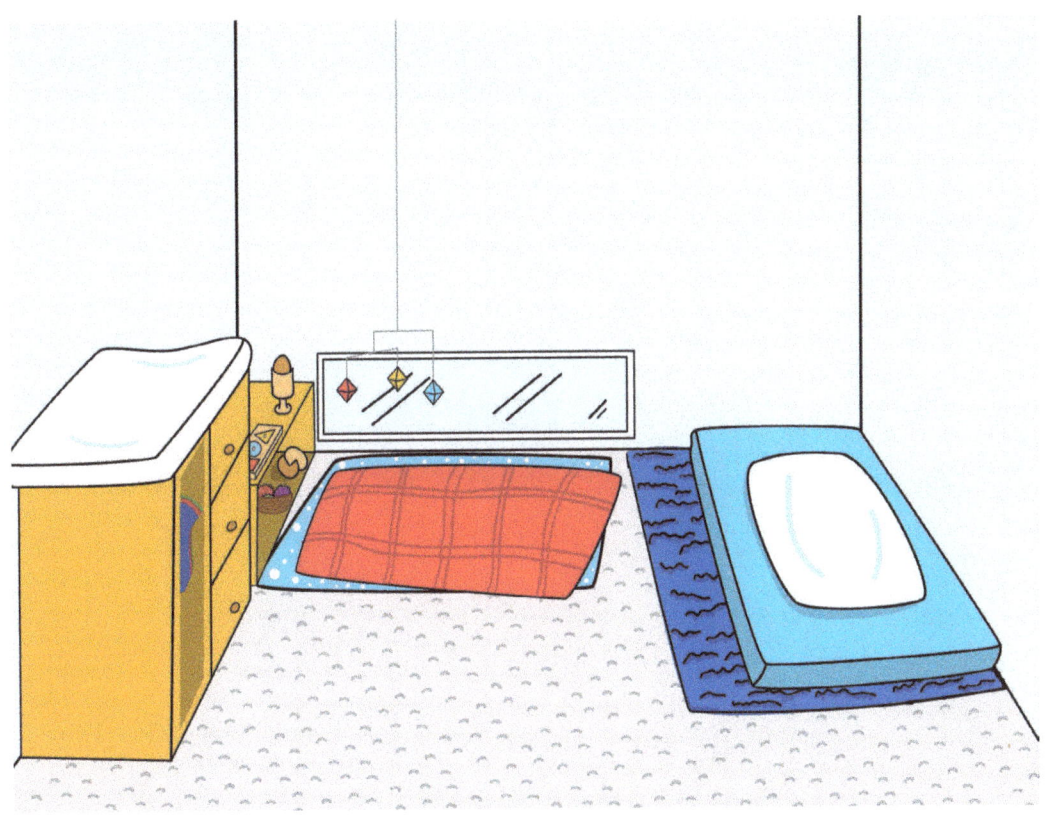

menos es más

Recordemos "la mente absorbente" (p. 9). Esta es la idea de que la niña lo absorbe todo al mismo tiempo. Eso significa que, si tienes música, estás preparando la cena, y por toda la casa hay juguetes estimulantes —que crujen, se encienden, tienen muchos colores y varias texturas— la niña podría sobrestimularse. Menos es mucho más.

propósito y lugar

La disposición básica del espacio de la niña puede incluir materiales específicos pensados para satisfacer sus necesidades:[30] un lugar para comer, uno para dormir, uno dedicado a la higiene y el movimiento. Si limitas el espacio para incluir solo objetos que tengan un propósito bien definido, le ayudarás a la niña a ver dónde satisfacer sus necesidades.

accesibilidad

Si la niña no lo puede alcanzar, no lo puede usar. Al permitir que sus juguetes y materiales estén accesibles en estantes bajos y abiertos (y no dentro de un juguetero cerrado), sus opciones son más claras, lo que inspira su uso. Esto también te ayudará a limitar el número de juguetes disponibles. En realidad, hay muchas más cosas de las que se van a usar.

27

inspirar el movimiento: 0 a 6 meses

Antes de poder sentarse, la vida de la niña gira en gran parte alrededor de lo que tiene a la vista y su capacidad de observar ese panorama:

	nacimiento	2 meses	4 meses	6 meses
Vista[31]	Rango de 18–76 cm	Rastreo de objetos	Percepción de la profundidad y maduración del color	

Si pensamos en qué podría inspirar el movimiento antes de que la niña pueda sentarse, entenderás lo limitante que es su experiencia con juguetes de mano: por eso tiende a tirar todo lo que le das, no puede rodar para alcanzarlo ni mucho menos sabe qué es lo que les hace falta. Los juguetes colgantes, por otro lado, se quedan en su lugar, aunque los suelten. Además, cuando cuelgas juguetes a la distancia correcta (véase el cronograma anterior), la niña se enfocará en ellos y sentirá la inspiración para esforzarse y alcanzarlos (perseverancia).

La verdad sobre el tiempo boca abajo

Cuando aceptas que apoyar a la niña en donde está, en vez de frustrarte porque no está donde tú quieres, sus habilidades incrementan (capacidad). El *tiempo boca abajo* es la práctica de colocar al bebé sobre el vientre cuando despierta para que pueda fortalecer los músculos que no usa cuando está recostado bocarriba (que es como pasa la mayor parte del tiempo). Pero la mayoría de los cuidadores se quejan de que sus bebés ¡odian el tiempo boca abajo! Aclararemos algo: todo bebé odia el tiempo boca abajo… en cierta medida. Y es que, mientras que mucha gente culpa a la "barriga", la verdadera culpable es "la hora". ¡Es mucho esfuerzo! Verlo como algo que puede hacer durante el tiempo que puede hacerlo. Recuerda que se trata de darle la oportunidad de usar los músculos del cuello, y eso puede hacerlo en su portabebés, tu pecho, etc.

Juego independiente vs. juego compartido

Tanto el "juego independiente" (cuando la niña se entretiene por cuenta propia) y el "juego compartido" (cuando alguien provee el entretenimiento) son oportunidades importantes para apoyar el crecimiento de las raíces de la niña. El juego independiente es una oportunidad para la raíz del movimiento, porque la niña dirige sus intereses y movimientos sin interrupción. Una vez que esas necesidades básicas estén satisfechas (¡y le hayas sacado el gas!), intenta colocar a la niña en un lugar cómodo y permite que explore tanto tiempo como quiera.

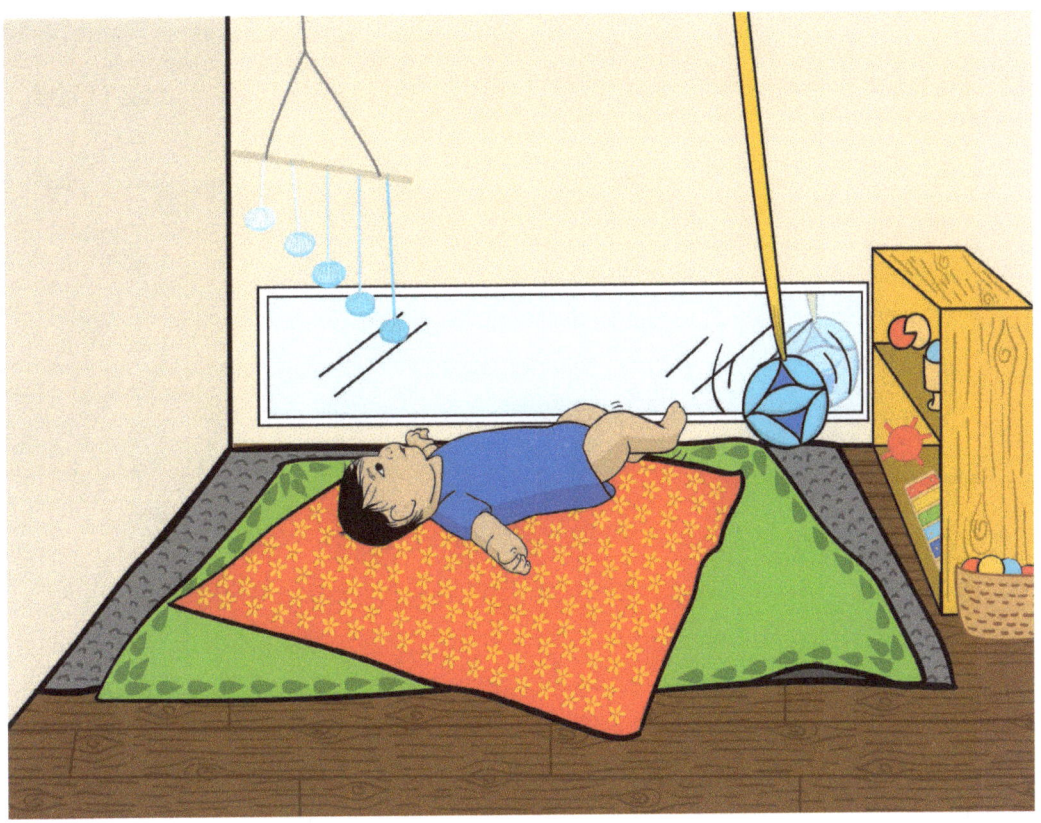

el tapete y el espejo

El primer objeto esencial en la lista de cosas para el espacio de juego es un tapete cómodo.[32] Los tapetes pueden ser lisos o texturizados, siempre y cuando le permitan a la niña moverse con libertad y seguridad. Luego, un espejo largo[33] colgado de forma horizontal en el espacio de juego, será una fantástica adición. En los momentos en los que están desarrollando la fuerza del cuello, es difícil que volteen hacia los sonidos o imágenes que puedan resultarles interesantes. El espejo, también es una ayuda al pasar el tiempo boca abajo, ya que les encanta verse a sí mismos cuando levantan la cabeza.

los móviles

La niña tendrá la inspiración para moverse si ve algo colgado a una distancia que está dentro de su rango de visión y que puede luego alcanzar y no perder si lo suelta. Un móvil[34] puede ser cualquier cosa que cuelgue desde arriba. Pueden ser móviles tradicionales, como los que se suelen usar en espacios Montessori: el Munari, el Gobbi (en la ilustración) o la Pelota Takane (en la ilustración). Una vez que la niña comience a tocar y agarrar cosas, los móviles tendrán que estar pensados para ser tocados, como un anillo de dentición o un listón, que son algunos de los favoritos de siempre.

inspirar el movimiento: de sentarse a caminar

Sentarse cambia toda la perspectiva del mundo de las niñas, pues les permite estar erguidos y ver secuencias con mucha más claridad ("¡Ahí es adonde va mi juguete cuando lo suelto!"). Esto contribuye a que comprenda que un objeto oculto sigue estando ahí ("permanencia del objeto"). Y, cuando la niña comienza a gatear, se vuelve sumamente consciente de que estás en algún lugar, aunque no pueda verte. Esto le provoca ansiedad real por no estar cerca de ti.[35]

	6 *meses*	8 *meses*	10 *meses*	12 *meses*
Hitos cognitivos		Permanencia del objeto y ansiedad de separación	*(La ansiedad de separación continúa)*	

Ahora bien, la "ansiedad de separación" podría interpretarse como la ansiedad que siente la niña porque te quiere muchísimo y acaba de entender que es posible estar lejos de tu grandiosidad. Sin embargo, esta interpretación no solo ubica a las personas responsables del cuidado como el centro del problema (al irse) y, por lo tanto, de la solución (volver), sino que anula (e impide el crecimiento de) una raíz fundamental para la perseverancia: la autoestima. Verás: la niña no solo siente ansiedad por estar lejos de ti, sino por estar lejos de lo que tú representas. Tú eres quien ha estado satisfaciendo sus necesidades toda su vida. Cuando está lejos de ti, se pregunta si todo va a estar bien. Al preparar sus espacios para que sí esté todo bien, la niña comenzará a creer que también está bien (lo que, en Montessori, llamamos "la segunda confianza básica").[36]

Exploración libre y segura

La exploración libre y segura del mundo de la niña es un componente esencial en el desarrollo de su autoestima y seguridad propia.[37] En un espacio preparado para exploraciones libres (contrario a un corral, por ejemplo), la niña puede aprovechar su movilidad para satisfacer sus necesidades (*Extrañaba a Mamá, así que fui a buscarla, Me duelen las encías, así que fui por una mordedera*, o incluso *Me cansé*). Si continuamente le impides explorar porque su espacio no está bien preparado (*¡No, ese libro es de Papá!, ¡Ay, la lámpara!*) o confinas a la niña a un rincón de la casa o del corral, de forma inconsciente le estás diciendo que necesita ser "salvado" (*¡Supongo que no está todo bien!*) o que no puede confiar en su espacio (*¡Debería estar siempre contigo!*). Esto puede prolongar la ansiedad de separación y bajar su autoestima. Si quitamos o reubicamos objetos peligrosos, podremos confiar en su exploración (como también lo hará la niña).

un estante bajo y abierto

Ten en mente que menos es más, sobre todo para cualquier niña que gatea, que necesita una cantidad considerable de espacio abierto (despejado) en el piso para explorar. Al usar un estante bajo y abierto para exhibir unos cuantos juguetes (entre cuatro y seis), la niña comenzará a ubicar dónde puede encontrarlos. Esto le ayudará a satisfacer sus necesidades más pronto y ponga buenas bases para que guarde sus juguetes más tarde. Intenta colocar juguetes de mano que presenten una secuencia (como un rompecabezas, aros para apilar o un xilófono) para crear interés añadido.

cajones para descubrir

Al permitirles descubrir cosas nuevas e interesantes en el hogar, desarrollan la disposición para aprender que el mundo está lleno de cosas interesantes que pueden hacer (solo tienen que encontrarlas). Además, cualquier niña con movilidad tiene la curiosidad de meterse en todo lo que esté a su alcance. Sácale provecho de esto con "cajones para descubrir" en diversos lugares de la casa. Por ejemplo, puedes ponerle un seguro a la mayoría de los cajones de la cocina, pero dejar uno abierto con algunos objetos seguros adentro. No le muestres el cajón a la niña; ¡deja que lo descubra!

inspirar el movimiento: desde que camina

Caminar marca el comienzo de la niñez. El cuerpo de la niña ya está completamente erguido, lo que significa que tiene las manos libres al moverse. Esta nueva habilidad de caminar y poder tomar algo al mismo tiempo se traduce en una de las actividades favoritas de la infancia: mover algo de un lugar a otro. Pero ¿cómo fomentamos este interés para inspirar más movimiento?

La aparición del período sensible del orden

En algún punto entre 12 y 18 meses, la niña de repente comenzará a irritarle mucho que algo esté "fuera de lugar". Podría ser un suéter que no está donde "se supone que debe estar,"[38] una planta que no está en el lugar específico donde siempre había estado;[39] o un plátano que estaba entero y ahora está partido por la mitad. Podría parecer que tu angelito se ha convertido en una niña demonio de la noche a la mañana cuando tiene una crisis, porque las cosas no se hacen a "su manera". Esta interpretación, por común que sea, pasa por alto el punto central: a la niña no le molesta que las cosas no se hagan como quiere, le molesta que las cosas no sean como esperaba, y esa diferencia es importante. Piensa en tu hogar y en los lugares sensatos y predecibles en los que guardas tus cosas. Pones las llaves cerca de la puerta, los utensilios para cocinar, en la cocina y el papel de baño en el baño. ¿Por qué? Porque un orden predecible te permite satisfacer tus necesidades; pues lo mismo le ocurre a la niña. Su angustia, por ende, tiene que ver con no saber cómo satisfacer sus necesidades cuando su medio ambiente es impredecible.

Guardar sus cosas

La combinación perfecta entre el creciente enfoque en el orden y el interés por mover cosas de un lugar a otro radica en el acto de guardar sus propias cosas. Esa no es solo una de las mejores cualidades de alguien con quien vives, sino que también le permite a la niña establecer el orden necesario para satisfacer sus necesidades. Echemos un vistazo a cómo promoverlo:

- **Dile** qué es lo que va a pasar: ¡Vamos a guardar los bloques!
- **Muéstrale** un ejemplo: ¡Mira! Este bloque va en esta caja.
- **Dale** la oportunidad de hacerlo: ¡Tú puedes poner un bloque en la caja!
- **Espera,** luego reconoce: Dale tiempo de responder. Si lo hace, dile: "¡Pusiste el bloque en la caja!" Si no lo hace, regresa al primer paso (Dile...).

una mesa y una silla

Gracias a su nueva postura erguida, la niña pasa menos tiempo jugando y haciendo cosas en el piso, y quizá note incluso que juega directamente sobre un estante o una superficie más elevada. Para fomentar el uso de una superficie adecuada para sus actividades, procura incorporar una mesa baja y una silla[40] a su espacio de juego. Al darle a su actividad un lugar donde pueda realizarla, sumas una secuencia adicional a su trabajo (Elijo algo, lo llevo a un lugar, lo uso y lo devuelvo). Es importante conseguir una mesa y una silla a la medida de su cuerpo; es decir, que los pies le queden apoyados sobre el piso.

la vida práctica

Los juguetes manipulables que la niña utilizó entre 6 y 12 meses, los cuales le ofrecen una secuencia extendida, siguen siendo bastante populares entre 12 y 18 meses. Sin embargo, las actividades más emocionantes para cualquier niña que comienza a caminar son las cosas que te ve hacer a diario (a lo que la doctora Montessori llamaba "la vida práctica").[41] Esto puede incluir materiales funcionales y de tamaño infantil para barrer, trapear, servir, limpiar, preparar comida, doblar, etc. La clave es que estos materiales sean funcionales y representen una destreza cotidiana en el hogar.

33

qué limita el movimiento: juguetes

Parecería contraproducente limitar el movimiento en el juego, pero hay varios juguetes para bebés que hacen justo eso. He aquí algunos que sugiero evitar:

 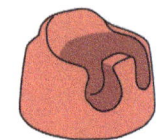  

Sillas para bebés y asientos de actividades

Las sillas para bebés pueden ser sillas modulares solo para sentarse o "centro de actividades" en los que la niña se sienta en un asiento de tela con una bandeja de juguetes a su alrededor. El principal problema que tienen es que, antes de que la niña sea capaz de sentarse por cuenta propia, su cuerpo no está listo para hacerlo (*¡tan sencillo como eso!*). Para una personita que no es capaz de sentarse por sí misma, estar en esa posición le pone una presión inadecuada al cuerpo. Esto es problemático porque dicha presión puede provocar lesiones, lo que le resta energía al desarrollo. Además, las sillas ajustadas evitan que la niña ajuste su posición motriz (pues las cuidadoras tienen que meterlos o sacarlos de la silla). Esa falta de poder de decisión es muy problemática para el desarrollo de la resistencia y la perseverancia. Como alternativa, si la niña recién comienza a sentarse, fomenta sus esfuerzos sentándote en el piso y envolviendo a la niña con una almohada de lactancia semicircular, lo que no hace más que agregar una capa de acolchonar miento en caso de que se caiga hacia un lado.

Andaderas y brincadores

Las andaderas y los brincadores son artilugios que cuelgan a la niña de un asiento que le permite rebotar o "caminar" al impulsarse con los dedos de los pies sobre el suelo para mover el armatoste entero. Al igual que las sillas ajustadas, estos aparatos le ponen una presión innecesaria al cuerpo, pues colocan a la niña en una posición para la que su cuerpo no está preparado. Además, estos objetos restringen los movimientos que sí tiene (no puede gatear ni apoyarse para ponerse de pie), que son los que necesita practicar para después caminar o brincar. Y, por si fuera poco, al incorporar habilidades motrices para las que faltan muchos meses de desarrollo físico, la niña comienza a aburrirse y frustrarse con las cosas que sí puede hacer. Por otro lado, al dejar que descubra cómo es caminar y saltar por sí mismo, construye su autoestima.

Pantallas para el entretenimiento

¿Recuerdas que el aprendizaje es una consecuencia del movimiento? Pues justo, eso es. Mi cuerpo empuja una campana, mi cerebro registra el sonido, mi cerebro le dice al cuerpo que haga sonar la campana otra vez, y así es como aprendo a hacer sonar una campana. Pero, ¿cómo se ve el cuerpo de una niña cuando mira una pantalla? Por lo general, el cuerpo deja de moverse. Esto significa que la mente está recibiendo estímulos, pero el cuerpo no responde. Esta desconexión entre mente y cuerpo es contraproducente para el aprendizaje mismo. Cuando esto ocurre, la niña genera una frustración innecesaria cuando su mente intenta decirle al cuerpo que haga algo, pero el cuerpo ya está acostumbrado a no responder.

Pantallas interactivas

Los juegos que ofrecen cierto nivel de movimiento a través de la interactividad son problemáticos por una razón muy distinta, pero también importante: la niña está interactuando con un mundo virtual que es incapaz de reconocer que no es real.[42] Imagina que está presionando una pantalla que hace que aparezcan ondas cuando la toca. Esta experiencia se asemeja a la interacción con el agua, pero su dedo no se moja, y la superficie es dura e impenetrable. Cualquier niña de menos de tres años simplemente acepta la realidad que le presentamos (las paredes son duras, el agua moja, las peras saben a pera). Si le presentamos efectos visuales que son muy convincentes y que sugieren una realidad diferente (la gente puede volar, los juguetes cobran vida, el agua no moja), tendrán problemas para distinguir entre los hechos y la ficción, entre la verdad y las mentiras, y entre la realidad y la fantasía.

Pero... ¿qué no la infancia moderna necesita pantallas?

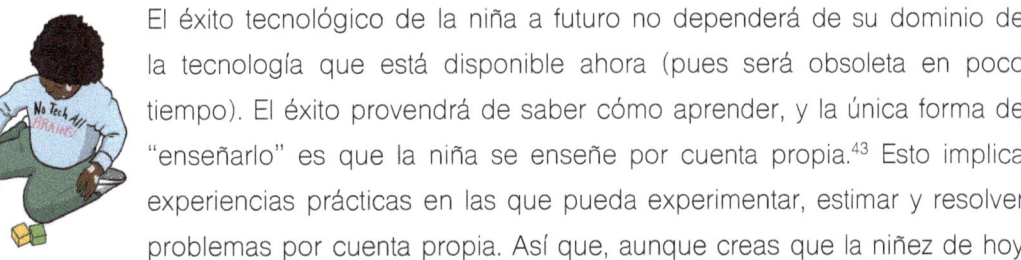

El éxito tecnológico de la niña a futuro no dependerá de su dominio de la tecnología que está disponible ahora (pues será obsoleta en poco tiempo). El éxito provendrá de saber cómo aprender, y la única forma de "enseñarlo" es que la niña se enseñe por cuenta propia.[43] Esto implica experiencias prácticas en las que pueda experimentar, estimar y resolver problemas por cuenta propia. Así que, aunque creas que la niñez de hoy necesita de la tecnología para salir adelante en el mundo moderno,[44] la evolución no avanza tan deprisa. Lo que respalda el desarrollo humano en los primeros seis años de vida siguen siendo las experiencias prácticas y sensoriales.

qué limitan el movimiento: objetos básicos

Las últimas limitantes del movimiento que veremos entran dentro de la categoría de objetos básicos. Se trata de objetos que quizá no puedas dejar de usar del todo, pero que debes estar pendiente de cuánto tiempo pasa la niña con ellos. No obstante, lo más crucial es el momento en el que debemos de dejar de usarlos

nacimiento   **I** *mes*   **2** *meses*

el asiento para el auto

Sin duda alguna, un asiento para el auto es esencial para mantener a la niña segura cuando está en el auto. Sin embargo, hay muchos diseñados para sacarlos del auto y usarlos fuera del auto. Este uso extendido del asiento del auto comienza a impedir el movimiento, pues la niña sigue amarrada a él más de lo que se suponía que debía usarlo. Este asiento para auto no es necesario.

el envuelto

Desde la perspectiva del desarrollo motriz, envolver a tu bebé es completamente contraproducente (limita el movimiento mucho más que el vientre durante el embarazo, donde al menos podía patear y chuparse los dedos). Sin embargo, desde la perspectiva del sueño de un recién nacido, puede ser de ayuda. Si bien la fecha de caducidad suele ser alrededor de los 4 meses de edad, la niña puede comenzar a "salirse" del envuelto mucho antes (alrededor de las 6 a 8 semanas de edad).

por completo, algo a lo que llamo "la fecha de caducidad en el desarrollo." Este es el punto en el que estos objetos cotidianos comienzan a impedir cada vez más el desarrollo, a pesar de que su uso se considere "seguro". Esto es especialmente relevante con respecto al movimiento. Recuerda: moverse es aprender, por lo que es vital evaluar en qué momento los objetos cotidianos comienzan a restringir el desarrollo natural del movimiento para que podamos limitar (o eliminar) su uso.

3 *meses*   6 *meses*   9 *meses*   12 *meses*

el chupón después de despertar

Los chupones son comunes y existen desde hace una eternidad, pero hay una gran diferencia entre el uso del chupón para ayudar a la niña a conciliar el sueño y el uso de un chupón para tranquilizar a bebés despiertos. En este último caso, el chupón silencia los intentos de comunicación de la niña. La fecha de caducidad del desarrollo sería una vez que quien da a luz al bebé se siente estable después del parto (o antes, de ser posible).

cargar a la niña cuando ya camina

La niña podrá caminar... cuando pueda caminar (recuerdas aquello de la capacidad, ¿cierto?). Por desgracia, con demasiada frecuencia los cuidadores siguen cargando a sus niñas mucho después de que ya adquirieron esta capacidad.[45] Al hacerlo, la niña pierde la posibilidad de practicar la habilidad misma que quieres que tenga. Una vez que comience a caminar bien, deja la carriola o el moisés en casa, e intenta que camine. Recuerda que la niña solo será tan capaz como tú se lo permitas.

el movimiento y los caminadores

Durante el primer año de vida, lo que más limitó a la niña fue su propia capacidad. Sin embargo, para cuando es capaz de caminar, la mayoría de sus sistemas ya están "encendidos", por lo que querrá comenzar a usar todas las habilidades que ha adquirido: ¿Qué puede hacer mi cuerpo? ¿De qué soy capaz? ¿Qué tan lejos puedo ir y qué tan rápido puedo llegar hasta allá? En medio de tanta emoción, comenzará a poner a prueba los límites de lo que consideramos comportamiento apropiado. Definir bien los límites de los comportamientos no seguros le ayudará a la niña a transitar por el mundo de mejor manera. Vamos a ver:

no dañar

"No debes lastimar a nadie, incluyéndote a ti."

Es razonable detener la actividad de la niña si está lastimando a alguien.

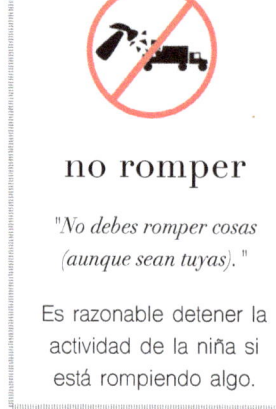

no romper

"No debes romper cosas (aunque sean tuyas)."

Es razonable detener la actividad de la niña si está rompiendo algo.

no alterar

"Gritar es slo para emergencias."

Es razonable hacer que la niña deje de gritar si no hay una emergencia.

Límites

Los límites funcionan mejor cuando la niña siente que acaba de "topar con pared". La pared no se enoja con alguien si se estrella contra ella; además, las paredes no necesitan recordar estar en su lugar cuando es necesario. Las paredes son un punto claro, constante y neutral que detiene a la niña y le impide continuar con su actividad. Para crear esta "pared", debes primero establecer límites congruentes (si le dices "No golpees la pared", no puedes permitir que siga pegándole a la pared y esperar que entienda la regla de "no golpear"). En segundo lugar, la actitud de la adulta al establecer límites debe ser lo más neutral posible, para que así la niña sienta que te molesta el comportamiento, no la persona. Esto permite que la niña no se sienta clavada a la pared, lo que a su vez le permite tomar una decisión distinta en la siguiente ocasión. La neutralidad es esencial al poner límites; bajo ninguna circunstancia ser excluido socialmente es un buen incentivo para que alguien se ciña a un comportamiento social más positivo.

Poner límites: poner en práctica la teoría

Ya sabemos qué tipo de comportamientos queremos frenar, pero ¿cómo hacemos para frenarlos? Primero, asegúrate de estar modelando lo que quieres ver y de no modelar aquello que no quieres que la niña repita. El segundo es la siguiente.

"¡Sé breve y amable…

Los límites funcionan mejor cuando se expresan en pocas palabras (son breves) y casi de inmediato dan paso a una "redirección positiva" de lo que sí se puede hacer (son amables). Ahora bien, una redirección positiva no es una distracción (*¡Mira eso!*), pues las distracciones pasan por alto el mal comportamiento. Las redirecciones positivas, en cambio, abordan el comportamiento al mostrar una versión apropiada del mismo (*¡Mira, esto es algo que sí puedes golpear!*). Y, aunque podría parecer lógico usar un tono alegre al poner límites, es más efectivo usar un tono serio al decir "basta" y cambiar a uno más alegre durante la redirección. Eso es lo que crea la sensación de "topar" con la pared.

…luego haz una pausa y repite!"

La constancia es lo mejor para definir una "pared." Esto significa que la niña trae consigo la expectativa de repetir las cosas. Por ejemplo, si la niña golpea la ventana, sin falla golpeará esa misma ventana justo después de que le digas que no lo haga. Y no, no está intentando que pierdas la cabeza; en realidad no sabe cuál es la regla. Verás, quizá creas que lo estás dejando todo muy claro, pero la niña todavía no tiene una noción clara de qué representa el concepto "ventana". Lo que oyó es que no debe golpear una parte de la ventana, pero ¿y esta otra? La niña no ha construido aún la idea general de qué es una "ventana". Solo cuando lo haga (alrededor de los 3 años) entenderá la idea de que la regla general es no golpear ninguna parte de ninguna ventana. Así como un bebé de 9 meses aprenderá a no morder el pecho de su mamá cuando no recibe leche en ese momento, los límites se "enseñan" de la mejor manera si le permites a la niña vivir las consecuencias lógicas de sus actos (golpear = no más ventana). Cuando una consecuencia no es lógica (quitarle su juguete favorito por golpear la ventana), dejas de ser neutral y las consecuencias se convierten en castigos.[46] Los castigos son problemáticos porque señalan a la persona y no su comportamiento.

resumen del movimiento

apoya

dale tiempo

permítele practicar

fomenta sus intereses

prepara

menos es más

un espacio y un propósito

haz que las cosas sean visibles

inspira

levanta la mirada (0–6 meses)

explora (6–12 meses)

involucra (12–18 meses)

evita

sillas para bebés y de actividades

andaderas y brincadores

pantallas

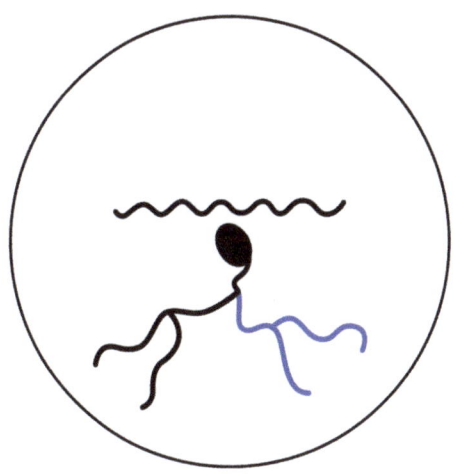

el lenguaje:

la segunda raíz

ilustraciones de:

esma bošnjaković

¿por qué importa el lenguaje?

El lenguaje es la segunda raíz del desarrollo. Al igual que con el movimiento, el tiempo, la práctica y el interés son componentes esenciales para el desarrollo del lenguaje. El tiempo tiene que ver con el desarrollo del aparato auditivo y de las cuerdas vocales, y debemos recordar de que los tiempos de cada niña son distintos. La práctica consiste en oír gran cantidad de los mismos sonidos en contexto para que la niña aprenda cómo decir las cosas (y qué significan las cosas que dice). La práctica también es un recordatorio de que solo mediante experiencias activas la niña adquirirá las capacidades. Pero este capítulo se enfocará más bien en el interés, pues el interés de la niña en el lenguaje no es exactamente por socializar, sino por autocuidado. Te explico. Cuando la niña estaba en el vientre, todas sus necesidades quedaban satisfechas sin que tuviera que mover un dedo. Al nacer, una de las muchas realidades desconcertantes es que no solo necesita comenzar a hacer cosas por cuenta propia (comer, respirar), sino que también tiene que comunicarse cada vez que sienta hambre, cansancio, frío, soledad o aburrimiento. El lenguaje se convierte en el vehículo esencial con el que puede satisfacer sus necesidades y ampliar el entendimiento de su mundo.[47]

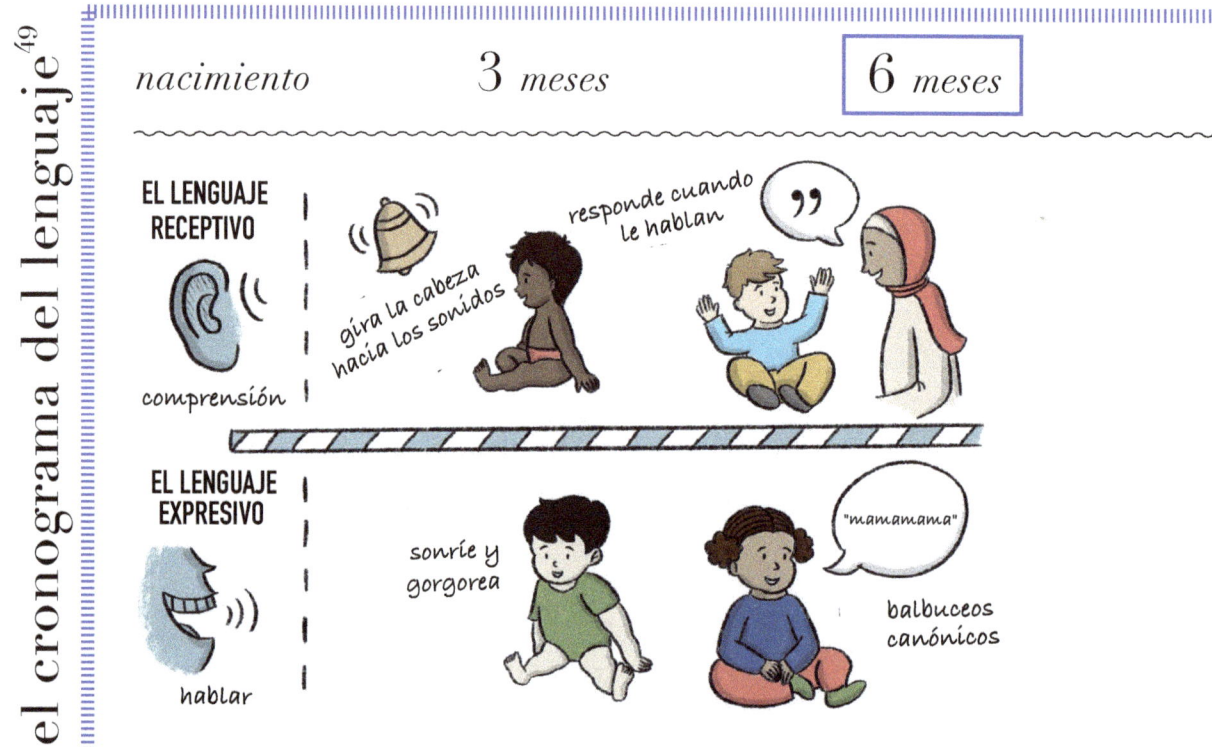

el cronograma del lenguaje[49]

| nacimiento | 3 meses | 6 meses |

EL LENGUAJE RECEPTIVO — comprensión

gira la cabeza hacia los sonidos

responde cuando le hablan

EL LENGUAJE EXPRESIVO — hablar

sonríe y gorgorea

"mamamama" — balbuceos canónicos

Apoyar el desarrollo del lenguaje

La niña se sentirá motivada a comunicarse mejor porque, al hacerlo con claridad, podrá satisfacer sus necesidades con más precisión (y más pronto). Por lo tanto, aunque hablarle a la niña es sin duda importante para fomentar su desarrollo del lenguaje, no es lo único. También necesita que le des la oportunidad de descubrir qué necesita y luego de empoderarse para comunicar dichas necesidades. Esa es la motivación que más inspira el desarrollo del lenguaje.

Hacerse escuchar

Si simplemente pretendemos calmar o pacificar a la niña sin descubrir lo que está tratando de decir, perdemos una oportunidad importante en la que ella podría haber tenido la poderosa experiencia de ser escuchada.[48] Cuando siente que se hace oír (y no la silencian), se inspira a hablar más. Tu trabajo, por ende, no es evitar que llore. A final de cuentas, el llanto es una forma de comunicación. En cambio, tu trabajo es entender qué te está intentando decir *(Tengo sueño/ hambre/etc.)* y, luego, responder para satisfacer esa necesidad. En ese contexto consideraremos qué es lo que favorece el desarrollo del lenguaje durante la infancia temprana. Veamos:

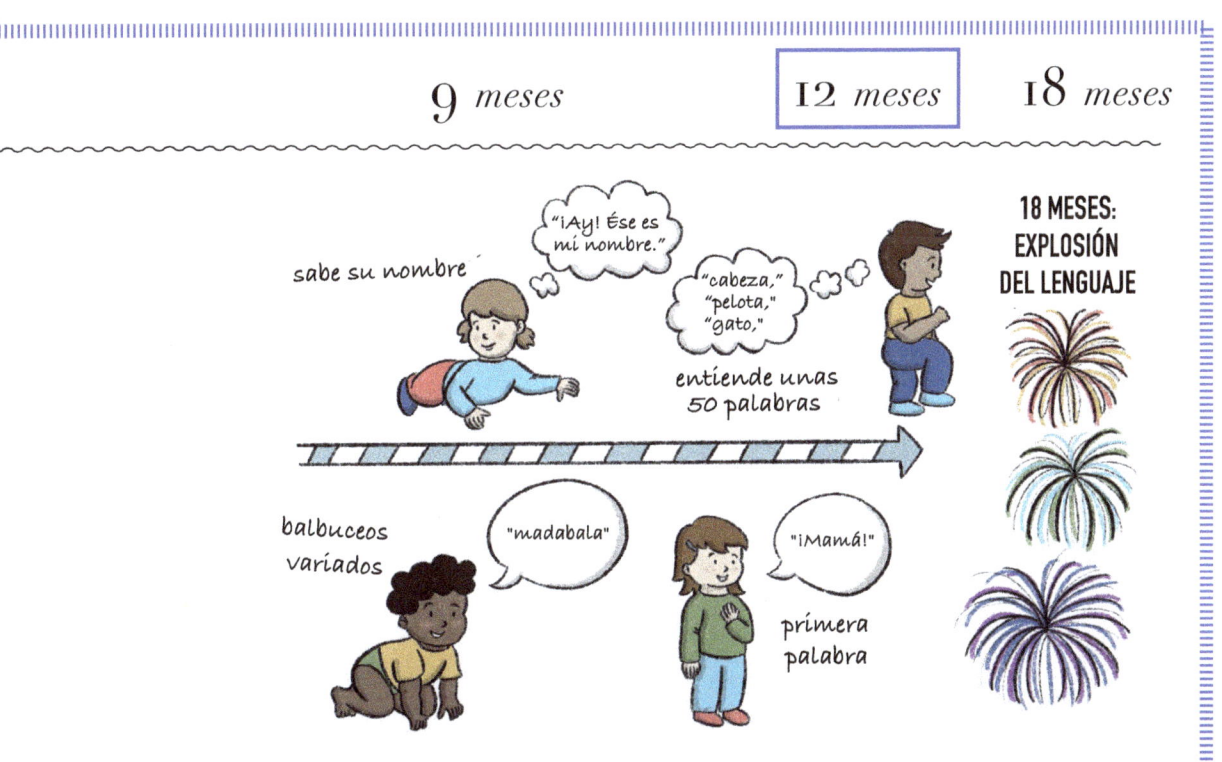

crear un espacio para inspirar el lenguaje

Al igual que con el movimiento, hay una cantidad abrumadora de información acerca del desarrollo del lenguaje. Para poder manejarla, lo más útil es entender de antemano algunas nociones del "panorama general" que guíen nuestra búsqueda de inspiración para el desarrollo del lenguaje en nuestros espacios.

Los tres trimestres del lenguaje

Como habrás visto en el Cronograma del lenguaje (pp. 42–43), la infancia temprana tiene puntos de transición marcados a 6 y 12 meses (idénticos a los del desarrollo del movimiento). Estos puntos de transición desempeñan un papel importante en todas las áreas del desarrollo, y el lenguaje no es la excepción. Alrededor de los 6 meses, la niña deja de usar la audición y la voz solo para hacer sonidos y empieza a replicar el lenguaje que escucha a su alrededor. Notarás esta transición cuando aparezca el "balbuceo", cuando la niña empiece a repetir sonidos similares *(babababababa* or *mamamama)*. Más adelante, comenzará a mezclar estos pares de balbuceos *(badamama)* hasta que terminará por encontrar una palabra por ahí alrededor de los 12 meses. La aparición de la primera palabra da inicio a una etapa conocida como "sobreextensión", y con ella comienza el último trimestre del lenguaje en la infancia temprana.

"Lo que digo no es exactamente lo que quiero decir"

Las primeras palabras (el tercer trimestre del lenguaje) son parte de una etapa lingüística en la que la niña *sobreextiende* el uso de una palabra para decir muchas cosas.[50] "Manzana" puede significar "manzana", "comida", "cosas redondas" e incluso conceptos completos, como "Tengo hambre". Es importante reconocer esto porque, aunque podría parecer que se está comunicando con más claridad, no necesariamente está diciendo lo que quiere decir. Esto puede provocar malentendidos entre tu niña y tú. La sobreextensión comienza a desaparecer alrededor de los 18 meses, cuando el vocabulario de la niña aumenta y la niña pudiera entender con más precisión.

"¿Quieres manzana?"

más es más

Con el lenguaje, recibes lo que inviertes. Mientras más palabras e intercambios oiga la niña, más cosas podrá decir cuando comience a hablar. Sin embargo, al preparar su espacio, los libros son parecidos a los juguetes en cuanto a que "menos es más". Deja solo unos cuantos libros a su alcance (para su uso personal) y guarda los demás para leérselos tú.

propósito y lugar

Di lo que quieres decir, con precisión. Elige tus palabras (y tus libros) con un propósito en mente. Las palabras, las historias y las visualizaciones desempeñan un papel esencial al moldear la concepción del mundo de la niña y lo que espera ver en él. Desarrolla una mirada crítica para identificar estereotipos, prejuicios y exclusión en tus palabras e historias.

accesibilidad

El lenguaje está siempre a nuestro alrededor: en las conversaciones, en las historias, ¡y hasta en los objetos!

- **Hablé**: Posiciónate frente a la niña.
- **Habla a su alrededor**: Modela la conversación
- **Cuenta historias** orales y escritas con frecuencia y repítelas
- Coloca **las portadas de los libros de frente** para que la niña pueda verlas

inspirar el lenguaje: 6 a 12 meses

Durante los primeros seis meses, la niña te comunicó sus necesidades, cualquiera de las muchas necesidades diarias que no podía atender por cuenta propia. No obstante, entre 6 y 12 meses empieza a ser capaz de satisfacer muchas de esas necesidades sin ayuda: comienza a moverse, a encontrar y elegir juguetes, a comer sin ayuda, a dormirse por cuenta propia e incluso a ir al baño (si se le da la oportunidad). Este aumento de la capacidad trae consigo algo nuevo que querrá comunicar: *deseos*.

Un nuevo llanto

A los 6 meses, la niña ahora chilla de frustración por no alcanzar su juguete o grita porque quiere más uvas en este instante. Si te apresuras a darle lo que te pide (como harías con un recién nacido que tiene hambre), estás tratando esos "deseos" como si fueran "necesidades". Pero esa reacción le da a entender un mensaje oculto: *Cuando hago más escándalo, me das lo que quiero. Entonces, debo llorar más, gritar más fuerte y patalear más duro para que me des el juguete que no alcanzo.* Si, por el contrario, reconocemos la transición hacia los deseos, tenemos la oportunidad durante esta etapa formativa de enseñarle que la comunicación con calma da resultados *(Quiero más uvas y me las dan cuando las señalo, no cuando grito o golpeo, así que voy a señalarlas para que me den más)*. Esto puede tener un efecto sustancial en la intensidad de los berrinches durante la infancia temprana, lo que dará como resultado una comunicación más calmada y orientada a la resolución de problemas.

Acciones para lidiar con la frustración

Como podrás imaginar, distinguir los deseos de las necesidades conlleva mucha práctica y algunas veces te confundirás (¡y está bien!). Un buen momento para identificar el llanto de "deseo" y compararlo con el de "necesidad" es durante el tiempo de juego de la niña, cuando la actividad se centra en los intereses (deseos) y no en la supervivencia (necesidades). Cuando logras distinguir el llanto de "deseo", empoderas a la niña para que decida por cuenta propia cómo lidiar con la frustración. Esta no es solo una función de la identidad (todo el mundo maneja la frustración de forma distinta), sino que también es esencial para la perseverancia.

palabras reales

Cuando los bebés comienzan a balbucear y a producir sonidos que se parecen a las palabras reales ("bibi" para biberón, por ejemplo), puede ser tentador replicar lo que dicen (*¿Quieres tu bibi?*) en vez de usar la palabra real (biberón). Para aprender a pronunciar la palabra completa, la niña necesita oír la palabra real primero. Esto fomenta la adquisición de un lenguaje más utilizable para después (lo que implica más capacidad). Algunos de los mejores momentos para usar palabras reales son las horas de comida, así como los procesos de higiene y cuidado del cuerpo.

libros

Cuando la niña comienza a sentarse, la nueva postura erguida permite que los libros sean más accesibles. Los libros son un recurso fantástico para contar historias, enriquecer el vocabulario y aprender sobre una gran variedad de ideas. Para hacer que la lectura de libros sea frecuente en casa, intenta añadir libros a una rutina (de ese modo, la niña aprenderá a esperarlos a cierta hora). También puedes aprovechar su posición de sentado para ofrecerle que aprenda a pasar la página. Con una mano, sostén todas las páginas menos la siguiente; una vez que la niña le dé vuelta, continúa con la historia.

inspirar el lenguaje: 12 a 18 meses

Sus primeras palabras abren verdaderas puertas hacia una comunicación más clara, pero debes recordar que no siempre dicen exactamente lo que quieren decir ni tampoco escuchan exactamente lo que tú quieres decir (lo que llamamos "sobreextensión"). Por ejemplo, digamos que la niña señala un plátano y dice "pano". Tú le das el plátano y, en vez de aceptarlo con amabilidad, lo tira al piso y comienza a hacer berrinche. Quizá tiendas a pensar que "cambió de opinión" o que está siendo "necia", "terca" o "quisquillosa". Pero, si sabemos que la sobreextensión es algo esperable, cuestionaremos lo que creemos entender y nos daremos tiempo para escuchar de verdad.

Realmente escuchando

En el ejemplo anterior, pensemos en que, en vez de intentar decir Quiero un plátano, la niña solo estaba identificando el plátano. A fin de cuentas, la identificación del medioambiente es una importante habilidad nueva. Su tendencia será primero usar sustantivos[52] (pelota, mamá, gato, perro) y luego añadirle palabras al sustantivo (amarillo, grande, ir, arriba, más, etc.). Nombrar las cosas a su alrededor es un juego que les encanta a esa edad (¡Gato! ¡Sombrero! ¡Perro! ¡Plátano!). Así que tal vez sea perturbador para la niña si, después de encontrar los plátanos e identificarlos de forma correcta, en vez de compartir su emoción (¡Sí! ¡Ese es un plátano!), se lo quitas y quizá hasta lo cortes en pedazos (¿CÓMO TE ATREVES?). Ahora bien, esto no quiere decir que tu trabajo sea asegurarte de que la niña tenga una comunicación clara; sigue siendo su responsabilidad superar la sobreextensión aumentando su vocabulario lo suficiente como para decir "este plátano" o "quiero plátano" y darse a entender mejor. En cambio, tu trabajo es ofrecerle ese vocabulario que le ayudará a articular mejor sus necesidades y señalar con calidez que su elección de palabras no es clara:

"Sí, ese es un plátano. ¿Quieres un plátano? ¡Muy bien! Toma un plátano. Hmm, cuando dices plátano y señalas el pan, me confundo. Esto se llama "pan". Si quieres pan, puedes decir "pan".

La niña quizá no pueda pronunciar las palabras aún, pero lo que le estás dando es un marco de referencia de cómo funcionan las cosas: mientras más claridad tengo al hablar, mejor se satisfacen mis necesidades.

VOCABULARIO ESENCIAL

objetos cotidianos

comida cotidianos

ropa cotidiana

partes del cuerpo

CABEZA
OREJA
OJOS
NARIZ
BOCA
CUELLO
BRAZO
BARRIGUITA
MANO
PIERNAS
DEDOS
PIES

nombrar la experiencia

Imagina tres perros.[53] El primero es un perro real que necesita agua y comida; es cariñoso, vivaracho y puedes acariciarlo. El segundo perro es una figura de cerámica, que es fría, dura, estática y, aunque puedes tocarla, no necesita ejercicio ni alimento. El tercer perro es una ilustración en un libro. Este perro es plano, inerte y no necesita cuidados ni atención. Si a los tres los nombras como "perro", la niña se confundirá mucho con respecto a qué es un "perro". Al usar el lenguaje de su experiencia *(este es un dibujo de un perro)*, le permitirás tener un entendimiento auténtico.

vocabulario esencial

A esta edad, la niña puede aprender muchas palabras en muy poco tiempo (aun si solo las entiende y todavía no puede decirlas). Será de mucha ayuda que enfoques tus esfuerzos por enriquecer su vocabulario con palabras esenciales. Sí, es lindo que conozca la palabra "jirafa" o "ambulancia", pero las palabras del vocabulario esencial le ayudarán a satisfacer (y entender) mejor sus necesidades (lo que facilita la capacidad para satisfacerlas). Las palabras del vocabulario esencial incluyen objetos cotidianos, comida cotidiana, prendas comunes y las partes del cuerpo.

qué limita el lenguaje

Como podrás imaginar, el límite principal al desarrollo del lenguaje es impedir la comunicación, pues la comunicación le ayuda a la niña a expresar sus necesidades. Si se le impide expresarlas, no está consciente de ellas o (más adelante) no tiene las palabras para comunicarlas, estarás dejando pasar una oportunidad importante para promover el desarrollo de su lenguaje. Veamos entonces algunas cosas que limitan el lenguaje (y que, además, son fáciles de prevenir).

Falta de lenguaje

La niña tendrá el potencial de decir aquello que escuche. Una persona puede tener oídos, lengua, cuerdas vocales y mente funcionales, pero, si no escucha el lenguaje durante sus primeros seis años de vida, pierde la capacidad de desarrollarlo. Por eso, los primeros seis años se consideran un "período sensible" al lenguaje.[54] Por otra parte, si desarrollas cuando menos un idioma durante los primeros años, tendrás la posibilidad de añadir otros, pues construiste los cimientos básicos para el primero durante los seis años iniciales. Por ende, una de las limitaciones más graves que impide desarrollar el lenguaje es no oírlo. Así que: ¡háblale a tu bebé!

El chupón después de despertar

A algunos bebés les tranquiliza chupar, y los chupones pueden ser una herramienta útil para conciliar el sueño antes de que la niña desarrolle las capacidades motrices que requiere para satisfacer esas necesidades sin ayuda. Pero usar los chupones con esta intención es muy diferente a dárselos cuando la niña ya despertó. El propósito del chupón después de despertar es "apaciguar", tranquilizar o hasta silenciar a tu bebé. Por ende, no tendrá la libertad para comunicarte lo que necesita. Quizá ensució el pañal y no nos dijo porque estaba bajo los efectos del chupón, lo que disminuye la retroalimentación entre niña y adulta. Estos intercambios no solo son fundamentales para formar lazos, sino que también son un modelo para otras conversaciones (alguien dice algo y espera una respuesta; la otra persona responde). La única excepción que haría aquí sería para un bebé con muchos cólicos durante las primeras 6 a 8 semanas, y esto sería solo para que quienes lo cuidan puedan mantener la cordura.

Horarios impuestos por los cuidadores antes de tiempo

Algunos libros/especialistas/padres/madres recomiendan fijar un horario para los bebés desde el principio o durante los primeros 3 meses, gracias a que el orden y la previsibilidad son extraordinarios, tanto para la niña como para ti. A fin de cuentas, tanto la previsibilidad como el orden son muy importantes y pueden brindar estabilidad durante un período que puede parecer muy inestable para todo el mundo. Sin embargo, cuando la adulta impone un horario sin considerar a la niña, comienza una vida pasiva en la que la niña no necesita comunicar sus necesidades, como cuando estaba en el vientre (*Como cuando es hora de comer, no cuando comunico que tengo hambre, o Duermo cuando es hora de dormir, no cuando comunico que tengo sueño*). Esta pasividad no solo limita las bases del lenguaje como un vehículo para satisfacer necesidades, sino que la niña también termina por escucharte a ti para satisfacerlas en vez de aprender a escuchar sus propias necesidades. No saber qué le dice su cuerpo es un impedimento para aprender a ir al baño, a autorregularse, a desarrollar hábitos saludables al comer y más. Dicho esto, eso no significa que los bebés no deban tener un horario; la falta de previsibilidad en las rutinas diarias puede enloquecer a cuidadores y niñas por igual. La clave es que el horario esté determinado por el desarrollo (cuando los "horarios" se presentan de forma natural durante el desarrollo) y que el horario del día esté marcado por las indicaciones de la niña (su comunicación).

Multimedia del lenguaje

En el caso de la adquisición del lenguaje, la niña necesita más que palabras para absorber el lenguaje que oye; necesita ver expresiones faciales, lenguaje corporal y movimiento de los labios y la lengua (por eso es más efectivo que te coloques frente a la niña cuando le

hables, en vez de hablarle cuando está de espaldas a ti o de lado). Esto significa que las fuentes multimedia del lenguaje —grabaciones, radio, televisión, etc.— no son proveedoras efectivas del lenguaje, pues la niña no está recibiendo toda la información necesaria. Además, el lenguaje proveniente de las plataformas multimedia no responde a los intentos de comunicación de la niña. Por ejemplo, la televisión o el radio no hablan más despacio ni repiten alguna palabra que pudo haberle resultado interesante a la niña, una respuesta que sería intuitiva en el contexto de una interacción con una adulta y que es muy efectiva para fortalecer la adquisición del lenguaje.[55]

el lenguaje y los caminadores

Ya hablé bastante sobre el período de sobreextensión, en el que la niña "sobreextiende" una palabra para darle muchos significados. Pero quisiera presentar otra forma de concebir la sobreextensión: como "comprensión parcial". La niña tiene un poco de información, pero no entiende el panorama completo. Desde esta perspectiva, la sobreextensión no es una "etapa", sino un proceso continuo en el que expandimos nuestro entendimiento del mundo (y de la gente que lo habita). Veamos, pues, un ejemplo.

A lo largo del libro he usado varias veces el ejemplo de un plátano. Cuando lo leíste, seguro te vino a la cabeza una imagen muy específica de un "plátano" (quizá como este que está a la izquierda y que ya te mostré antes). Este es un buen recordatorio de que las imágenes son poderosas y resalta el hecho de que operamos bajo el supuesto de que esta representación de un plátano es una representación correcta de los plátanos en general. *Pero… ¿en serio lo es?* No debemos olvidar que existen varios tipos de plátanos que cambian su color, forma, textura y sabor en distintas etapas de maduración.

Si a la niña le presentas solo un tipo de plátano cuando está construyendo sus definiciones, lo más probable es que esa definición haga referencia únicamente a esa representación específica de un plátano. Y, cuando encuentre con un plátano distinto, le parecerá "ajeno" a su definición de ese grupo: "otro", "distinto" o "anormal". Estas reacciones son predecibles, pero crean cimientos frágiles para enfrentar después los prejuicios, los estereotipos sociales y la xenofobia. Si, en cambio, la niña se expone a distintas experiencias con todo tipo de plátanos, desarrollará una concepción mucho más incluyente de que los plátanos son de distintos colores, que unos saben mejor que otros, que unos son grandes y otros pequeños, pero todos son "plátanos" por igual.

No estamos hablando de plátanos

Claro está que el punto de esto no son los plátanos, sino las personas. Durante el desarrollo del lenguaje de la niña tendrás la enorme oportunidad de expandir de forma consciente sus definiciones a medida que las construye. Recuerda, la niña aprende el lenguaje (y sus definiciones) absorbiendo lo que se habla a su alrededor y luego creando conexiones entre esas palabras y los objetos, ideas o personas asociadas con ellas. Las experiencias repetidas con las mismas conexiones crean entonces una definición en su cabeza *(Oigo "plátano" las suficientes veces en relación con esa fruta en específico y dejo de sobreextender la palabra "plátano" para que signifique otras cosas que no son un plátano).*

Pero ¿qué hay de palabras como "bombero", "maestra", "madre", "familia", "bueno" o incluso "malo"? ¿Qué significan? ¿A qué objeto, idea o persona está conectada la palabra para crear una definición? Y, ¿cómo podemos alterar las conexiones repetidas que refuerzan el supremacismo blanco, el racismo, el sexismo, la misoginia, la homofobia, etc.? Veamos.

Cambiar el punto de saturación

Desde las raíces sistémicas del racismo y el privilegio inherente a las personas blancas (entre quienes me incluyo), existe una saturación de blanquitud visible (líderes blancos, maestros blancos, autores e ilustradores blancos, personajes blancos, voceros blancos, etc.) que de forma sutil (y no tan sutil) hacen que la blanquitud se entienda como "lo normal", "lo estándar" y, por extensión lógica, "lo mejor". Resulta ser, además, que estos sesgos aparecen justo después

de los años de construcción de definiciones: alrededor de los 3 años, cuando niñas en edad preescolar comienzan a dar indicios de tener ideas prejuiciosas y discriminatorias.[56] Por ende, el momento crítico para cambiar el punto de saturación es antes de los tres años. Existen líderes, maestros, autoras, ilustradores y voceras increíbles que son, entre muchas otras cosas, afrodescendientes, indígenas y gente de la mayoría mundial. Busca esas voces seleccionando libros que presenten historias alegres (no historias de opresión, ni historia dura a esta edad) que celebren a personajes ordinarios de todos los orígenes. Y, por último, imprímeles amor a las palabras "negra" o "moreno", y celébralas con frecuencia.

resumen de lenguaje

apoyo

dale tiempo

permítele practicar

escucha lo que te está diciendo

prepárate

más es **más**

usa palabras reales

haz que el lenguaje esté presente

en todas partes

inspira

hablar durante la higiene (0–6)

hablar durante la cena (6–12)

las palabras esenciales (12–18)

evita

chupones después de despertar

horarios impuestos

lenguaje multimedia

las condiciones:

lo que la niña necesita para crecer

ilustraciones de:

alisha nicole brumfield   tracy nishimura bishop   brenda brambila

introducción a las condiciones

¡Te doy la bienvenida a las condiciones! Aquí te centrarás en las condiciones que le permitirán a la niña crecer: comer, dormir y la higiene. Cada sección seguirá:

- ¿Por qué es importante esta condición esencial?
- El cronograma de desarrollos relevantes para esta condición
- La preparación del espacio
- ¿Qué limita la transferencia de esta condición (de adulta a niña)?

Algunos recordatorios sobre "las condiciones":

- **Las condiciones:** Estas son esenciales para respaldar el desarrollo.
- **Papel de las personas adultas:** Estas son las cosas que tú haces por la niña hasta que pueda hacerlas por cuenta propia (hay una "transferencia").
- **Actividades y materiales:** Estas son cosas que usamos para fortalecer la capacidad de la niña para hacer las cosas sin nuestra ayuda. Por ejemplo, digamos que le das a la niña una cuchara de tamaño infantil para que coma sin ayuda, pero no deja de tirar la comida que le das. Al darle algo que se quede en la cuchara (como puré de papa), la elección del alimento se vuelve más importante que la cuchara, pues está fortaleciendo su habilidad para alimentarse (capacidad).

Cronogramas:

Presentaré los desarrollos relevantes para estas condiciones en cronogramas de crecimiento, como hice con las raíces. Como siempre, estos son tiempos generales basados en la fecha esperada del parto (y no la fecha real de nacimiento). Si tienes preguntas o preocupaciones con respecto al desarrollo de la niña, debes consultarlas con tu pediatra. En los cronogramas, seguiremos la transferencia, empezando por los cuidadores que se hacen cargo de las necesidades (marcado en rojo), seguido por el trabajo conjunto de la adulta y niña para satisfacer las necesidades (amarillo), y terminando con la niña haciéndose cargo de satisfacer la necesidad (verde). Se verá algo así:

	nacimiento	6 meses	12 meses	18 meses
Nutrición	Los cuidadores satisfacen las necesidades alimentarias	Las niñas y los cuidadores satisfacen las necesidades alimentarias	La niña satisface sus necesidades alimentarias	

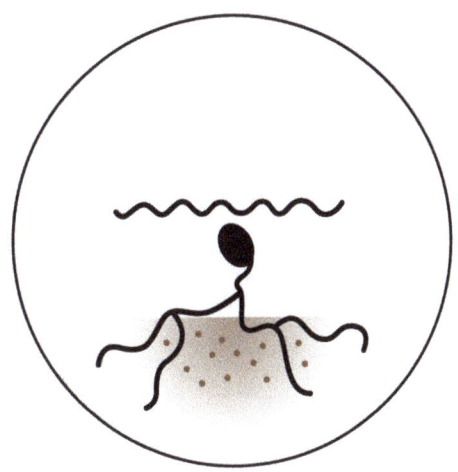

comer:

el combustible

ilustraciones de:

alisha nicole brumfield

¿por qué es importante comer?

Comer es una de las condiciones esenciales para el desarrollo (combustible), y alrededor de los 6 meses los requerimientos de combustible de la niña cambian. Verás, antes de ese momento, nuestro sistema digestivo (como el de todos los mamíferos) es demasiado inmaduro como para procesar los alimentos que hay en nuestro entorno, por lo que recibimos una "comida especial" (la leche materna o la fórmula) que contiene todos los nutrientes que un cuerpo joven necesita. Sin embargo, alrededor de los 6 meses comenzamos a necesitar nutrientes adicionales, y nuestro cuerpo cambia para adaptarse a esa realidad:[57] las enzimas digestivas aparecen, perdemos el reflejo de interposición lingual (un mecanismo de supervivencia para sacar cualquier sólido que esté en la boca; también conocido como reflejo de extrusión), nos empiezan a salir los dientes y nuestro cuerpo se posiciona para comer sólidos, sentándose. Cerca de los 12 meses, nuestro sistema ha madurado tanto que somos capaces de satisfacer la mayoría de nuestras necesidades nutricionales con la comida de nuestro entorno. Al pensar en esta transferencia, podría parecer que el enfoque está en la comida. Sin embargo, lo que está transfiriéndose es la *responsabilidad* de atender esa necesidad. Aun así, hay algo que podría malinterpretarse en la transferencia y que no queremos que ocurra: que coma por sí sola no tiene que significar que se quede sola a la hora de comer.

Desarrollos para la transferencia al comer (0 a 18 meses)

	0	**1** *meses*	**2** *meses*	**3** *meses*	**4** *meses*	**6** *meses*	**7** *meses*
Motricidad gruesa (mielinización)		Sostiene la cabeza (cuello)		Rueda (hombros)		Se sienta (torso)	
Motricidad fina		Reflejo de prensión		Prensión voluntaria		Prensión con toda la mano	
Lenguaje receptivo			Gira la cabeza hacia los sonidos			Comienza a entender y a responder	
Lenguaje expresivo			Sonríe y gorgorea			Balbuceo (canónico) *"el nuevo llanto"*	
Nutrición		Nutrientes de la leche materna o fórmula				Nuevas necesidades nutricionales	
Dientes[59]						Incisivos centrales	
Digestión		Digestión inmadura / reflejo de extrusión[60]				Madurez digestiva	

El aspecto sociocultural de la comida

Cuando miramos la intersección de los cronogramas de desarrollo, más allá de la relación directa con la alimentación, observamos que no solo la digestión y las habilidades motrices están madurando. Alrededor de los 6 meses hay una transición importante en el lenguaje: la niña está "sintonizando" las palabras que se dicen a su alrededor y las relaciones sociales tácitas que tienen con otras personas[58] *(¿Soy parte de esta comida o no?)*. Los humanos somos criaturas sociales, y gran parte de nuestras conexiones socioculturales están relacionadas con la comida. Sin importar cuál sea la ocasión, si es un encuentro triste o alegre, celebratorio o mundano, la comida siempre es un elemento central. A fin de cuentas, somos mamíferos y, por ende, nuestras experiencias con la comida durante nuestros primeros 6 meses de vida son *con* otra persona. Por desgracia, lo que suele ocurrir es que, cuando la niña comienza a comer comida de mesa, esta experiencia social no se desarrolla lo suficiente: la silla alta suele estar separada de la mesa alta, sus horas de comida no coinciden con las de los demás y todo su proceso para comer no se parece en nada al del resto de la familia (los utensilios que usa, el espacio que ocupa y la comida que come). No es de sorprender, entonces, que vemos hábitos antisociales al comer durante la infancia temprana: quisquillosa de comer, se levanta de la mesa o juega con sus cubiertos. Si la niña se sienta en una mesa en la que las personas están modelando normas sociales y conversación, además de estar comiendo los mismos alimentos y con las mismas herramientas culturales, la niña está en posición de absorber la totalidad de la experiencia de la comida que tanto valoramos en la adultez.

8 *meses*	9 *meses*	10 *meses*	11 *meses*	12 *meses*	14 *meses*	16 *meses*	18 *meses*
Gatea (muslos)			Se pone de pie (pantorrillas)		Camina (pies)		
Oposición pulgar/dedos		Pinzas con los dedos / aplaude			La mano como herramienta de la mente		
Sabe su nombre		Aumento en la comprensión / responde a peticiones sencillas			Entiende hasta 50 palabras (y sobreextensión)		
		Balbuceo (variado) / señala			Responde a peticiones sencillas		
(Come cada vez más comida de su entorno)					Consume en su mayoría comida de su entorno		
(6–12 Meses)		Incisivos laterales (9–16 Meses)			Primeros molares / caninos (13–23 Meses)		

preparar el espacio

La premisa básica para preparar bien el espacio para esta transferencia de responsabilidad es conseguir herramientas que le funcionen bien a la niña (que le permitan alimentarse por cuenta propia de forma exitosa) e integrarlas al aspecto sociocultural de la comida. Por suerte, el tipo de herramientas y espacios que respaldan la independencia de la niña a la hora de alimentarse son justo las cosas que harán que sienta que se le está incluyendo en la experiencia colectiva.

La silla alta ajustable sin charola

El primer paso hacia la autoalimentación en la mesa familiar es hacerle un lugar en esa mesa (esto funciona como una invitación literal a la comida familiar). Y, aunque lo común es tener la silla alta a un lado con una charola que evite que la niña esté sobre la mesa, hay otra alternativa: las sillas ajustables sin charola se ponen justo frente a la mesa y tienen dos rebordes que se ajustan conforme la niña va creciendo (uno como asiento y el otro para que descanse los pies). Estos rebordes no solo le ofrecen confort a la niña (cuando las piernas cuelgan, se cansan), sino que también le ayudarán cuando camine a tener más independencia, pues después funcionarán como escalones.

Herramientas funcionales de tamaño infantil

Si lo que la niña usa para comer no se parece en nada a lo que usan los demás, verá su comida como un proceso "separado" y "diferente". Si, en cambio, buscamos darle herramientas que se parezcan a las de los demás, se verá como parte de la experiencia social de comer en familia. A continuación encontrarás algunas versiones en tamaño infantil de herramientas de uso común en *algunas* mesas, pero recuerda que los utensilios de mesa son algo *cultural*. Lo que la niña use debe asemejarse a lo que *tu* familia use, solo que más pequeño.

mantel individual

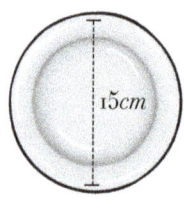

plato pequeño

cubiertos cortos

un vaso abierto

una comunidad con la cual comer

El último paso para que la niña esté en posición de lograr esta transferencia con éxito es tener personas con quienes pueda compartir la comida. Puedes poner a la niña en la mesa familiar y darle utensilios que se parezcan a los que usan los demás, pero, si no está compartiendo el horario de comida con nadie, no será precisamente la experiencia sociocultural que querías que fuera. Para que recuerdes lo disfrutables que pueden ser esas comidas, piensa en el tipo de "comida agradable" que podrías tener después de que la niña se va a la cama o cuando te reencuentras con tus amistades. ¿Qué hace que esos momentos sean tan disfrutables y deseables? Todo lo que te encanta de esas comidas es justo lo que quieres que la niña viva y absorba: conversación, conexión y presencia en torno a los alimentos. Y, cuando presentas la autoalimentación de tal forma que le ayudas a la niña a desarrollar capacidades (al implementar herramientas y utensilios funcionales y de tamaño adecuado cuando empiece a comer sólidos) y a entender las normas sociales (al modelar y establecer límites), la niña adquiere las habilidades necesarias para ser buena compañía a la hora de la comida. Así que hazle un lugar en la mesa y come a su lado desde el principio tanto como puedas.

comer

63

"yo lo hago por ti" (o a 6 meses)

Lo que define este período no es que come "comida especial", sino que depende de ti para satisfacer sus necesidades nutricionales. La conexión y el lenguaje, por lo tanto, son esenciales a la hora de comer durante estos primeros 6 meses.

Lo que come tu bebé

Comencemos con lo obvio: cualquier bebé necesita comida. Aunque la lactancia tiene beneficios considerables para la mamá y su bebé por igual, no siempre es posible o recomendable para cualquiera. ¡Estar bien comido es lo preferido!

Calostro[61] (nacimiento a +/- el tercer día) es la primera "leche" de tu bebé. Es baja en grasas (lo que facilita la digestión) y tiene anticuerpos.

Leche materna (3 días en adelante)[61] es la leche que "llega" entre 3 y 5 días después del parto. Esta leche es alta en grasas (necesarias para la mielina) y en anticuerpos. Aunque solo existe una leche materna, la grasa puede estar más concentrada cuando el pecho está relativamente vacío, pues se adhiere a las células que producen la leche en la parte trasera de la mama.[62] Cuando la mama está llena, la leche puede ser menos grasosa. Se recomienda dar una "comida completa" de un lado antes de pasar al otro para que el contenido de la leche sea alto en grasas. Un consejo: el color de la popó puede ser un buen indicador de la ingesta de grasas:

- **Verde** puede indicar que la niña no consumió suficientes grasas
- **Amarilla** (con manchas blancas de grasa) puede indicar que está consumiendo suficientes grasas

Fórmula[63] es una alternativa artificial con un perfil nutricional moldeado para asemejarse lo más posible a la leche materna.

La experiencia activa de la niña al comer

Aunque la niña dependa mucho de ti para alimentarse, sí desempeña un papel activo al comer: la comunicación. Esto es esencial para las raíces de la identidad *(Puedo tomar decisiones sobre mi propio cuerpo)* y el lenguaje *(Me hago escuchar, así que debería hablar más)*. La niña es la única persona que sabe si tiene hambre o ya se llenó. Por lo tanto, la experiencia de comer suele funcionar mejor cuando es la niña quien marca el ritmo[64] (salvo que haya alguna indicación médica).

comer

la lactancia

Si tu objetivo es amamantar, ¡fomenta el agarre desde el inicio!

- **Los pezones importan:** El tamaño y la forma determinan la posición al amamantar.

- **No hay un solo agarre.** Quizá tengas que hacer ajustes durante el proceso. ¡Prepárate!

- **¡No te conformes con un mal agarre!** Un mal agarre es ineficiente (¡e incómodo!) Retira a tu bebé e inténtalo de nuevo.

biberón

Si tu objetivo es darle biberón, consigue apoyo desde temprano para entender tus opciones de fórmulas y extracción. Si lo que buscas es darle biberón a una bebé que estaba lactando, considera comenzar con el biberón a las 3 o 4 semanas. Esto le da suficiente tiempo a la niña para encontrar el agarre al seno y no demasiado como para que no acepte el biberón.

los sólidos

Hacia el final de los primeros 6 meses, el cuerpo de la niña comienza a estar listo para recibir comida sólida. Una gran manera de empezar a brindarle distintos sabores es por medio de jugos naturales[65] (como jugo de sandía o pepino). Esto permite que la niña perciba la novedad de los alimentos sólidos de una forma accesible para el desarrollo (en forma de líquidos).

65

"lo hacemos en equipo" (6 a 12 meses)

Si bien la leche materna o la fórmula siguen siendo parte importante de su dieta en este período, empezar a consumir alimentos sólidos da inicio también a la transferencia en la que la niña empezará a alimentarse por cuenta propia. Ya que el enfoque de esta transferencia no es la comida, sino quién satisface la necesidad, la autoalimentación desempeña un papel muy importante.

Autoalimentarse puede ser desordenada *(¡está bien!)*

Evidentemente, tú eres mejor para alimentar a tu bebé de lo que tu bebé es para alimentarse. Este, por supuesto, no es el punto. La única forma de que tu bebé sea capaz de autoalimentarse con éxito es si la alimentación está *en sus manos*.

- **Menos es más:** Una gran forma de contener el desastre es ofreciéndole porciones pequeñas (solo dale tanto como quieras limpiar después). Además de disminuir el tiradero, las porciones pequeñas crean oportunidades de intercambios como a una conversación (*¿Quieres más?... ¡Aquí tienes!*). Esto sentará las bases para desarrollar la habilidad para escuchar más adelante.
- **La práctica desarrolla la maestría:** La raíz de la capacidad es la *práctica*. Cada vez que la niña tenga un utensilio en la mano y no lo tengas tú, estará aprendiendo cómo se usa y para qué sirve (en la siguiente página encontrarás consejos sobre el uso de una segunda cuchara).
- **Tu niña es capaz:** Quizá te sorprenda saber que tu niña es capaz de dominar el uso de estas herramientas (pero te prometo que sí puede).

Autoalimentarse no es destructiva *(¡no está bien!)*

Los comportamientos antisociales (golpear, tirar cosas, gritar, etc.) pueden a veces ser difíciles de distinguir de una exploración positiva y apropiada. Intenta concentrarte en si lo que estás presenciando parece productivo para la alimentación. Si no te lo parece, intenta lo siguiente:

- **Pon límites:** ¿Recuerdas las consecuencias lógicas? Las vamos a usar para guiar las normas sociales. Si está golpeando el plato, quítaselo hasta que se detenga y luego devuélveselo (véase Límites, pp. 38-39).
- **Menos es más:** Muchos de los comportamientos que requerirán la imposición de un límite aparecen al final de la comida, cuando la niña ya no tiene hambre. Las porciones pequeñas te ayudarán a saber si en verdad ya terminó de comer.

6 a 8 meses

alimentos suave

El tipo de comida que servirás es *cultural* y no tiene que ver con el desarrollo (así que no necesitas comenzar con un tipo de comida específico). Comienza despacio y con comidas suaves.

8 a 10 meses

comer con las manos

Conforme su motricidad fina mejore y comience a tomar los alimentos con los dedos, ¡no te olvides de la cuchara! La capacidad de usar los cubiertos preparará a la niña para más tipos de alimentos.

10 a 12 meses

comida familiar

Cuando la niña pueda comer de lo que el resto de la familia está comiendo, significa que ya tiene la suficiente experiencia con la comida como para usar cubiertos que se le ofrecen.

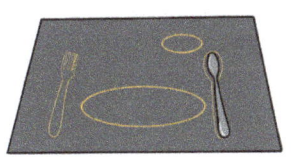

cuchara y mantel

Con autoalimentación, es importante que la niña no lo hará muy bien al principio. Deja que tenga su propia cuchara y usa una segunda cuchara para asegurarse de que coma bien de todos modos.

plato y vaso

Para introducir el plato y el vaso, toma en cuenta cómo usar ambas cosas: el plato se mantiene sobre la mesa y el vaso se levanta para beber. Si la niña comienza a jugar, ponlos fuera de su alcance por unos momentos.

tenedor y tazón

Cuando la niña sea capaz de usar la cuchara, tal vez pueda comenzar a usar un tenedor. Si intenta pinchar la comida con la cuchara, pues eso suele significar que incorporar el tenedor le vendría bien.

"tú lo haces" (12 a 18 meses)

La separación y el apego son partes agridulces e inevitables de la vida que son casi inseparables. Cuando nos separamos de algo, también nos apegamos a algo más. Esta perspectiva es la que nos permite aceptar la separación que se avecina y celebrar un nuevo apego.[66] El destete (cuando la necesidad de comida especial disminuye) es una de esas separaciones que suele* ser parte de este período, pues la niña comienza a autoalimentarse y comienza a nutrirse de forma más completa por cuenta propia.

Sentimientos desbocados

Tienes sentimientos muy particulares sobre el proceso de destete, pues la alimentación suele ser el primer apego después de la separación del parto (así que la separación de ese apego inicial es un tema delicado). Puede ser útil recordar que la separación del parto abrió el camino para el celebrado apego de conocer a la niña. Así también, la separación de la "comida especial" abre el camino para el celebrado apego de la niña con su comunidad en la mesa familiar.

Apoyar la separación

Una buena forma de verificar si a la niña aún le interesa amamantarse o no es darle de comer cuando lo pida, no necesariamente como parte de una rutina o hábito. Además, conforme coma más sólido, es importante ofrecerle agua con frecuencia y así mantener una hidratación adecuada.

Apoyar el apego

Como ya establecimos, el apego a la comunidad es motivo de celebración, pues la niña está comiendo la comida de su comunidad y puede participar de forma más activa en estos momentos socioculturales. Sus nuevas habilidades de lenguaje expresivo le permiten tener conversaciones reales, y su habilidad para caminar le permite participar de forma activa en la comida familiar. Una vez que comience a caminar, la niña puede empezar a contribuir en las siguientes acciones: poner la mesa, preparar la comida e incluso subir y bajar de su silla ajustable. Esta participación es una base esencial para el desarrollo social posterior.[67]

---

* ¡Suele serlo, pero no siempre lo es! La Organización Mundial de la Salud (OMS) fomenta la lactancia al menos hasta los dos años de edad. Esto es particularmente útil si los nutrientes a los que se tiene acceso en el entorno no son suficientes para garantizar el crecimiento.[68]

preparar el espacio

Para que la niña pueda poner la mesa, preparar la comida o limpiar después de comer, necesita materiales que le sean accesibles. Considera ajustar un estante bajo en la cocina que contenga materiales de tamaño infantil: vasos, platos, cubiertos, esponjas, etc. Esto no solo le permitirá sacar y devolver estos objetos antes y después de comer, sino que le permite responsabilizarse de las tareas que necesitan realizarse, incluyendo la limpieza. Cuando la niña se hace cargo de su espacio (y de sus errores), desarrolla habilidades invaluables que le ayudarán a forjar amistades más adelante.

preparar la comida

El refinamiento motriz de las manos (y la práctica exhaustiva con cubiertos entre 6 y 12 meses) permite a la niña manejar mejor las herramientas para preparar la comida. Algunas herramientas que resultará útil incluir entonces son: ralladores pequeños, espátulas, o tablas para picar. Intenta acomodar las herramientas en una bandeja (para untar mermelada, puedes tener un plato con pan, un cuchillo sin filo y un pequeño frasco de mermelada); luego, muéstrale cómo se usa, despacio y en silencio (véase, pp. 10). Un consejo: Ella quiere hacer lo que *tú hagas*, no lo que *tú digas*.

qué cosas limitan la autoalimentación

En este punto, podría parecer contraproducente seguir alimentando a la niña cuando es capaz de hacerlo por cuenta propia, pero, a pesar de los esfuerzos para favorecer este proceso, hay algunos materiales en nuestros espacios que podrían limitar el desarrollo. La buena noticia es que se pueden evitar.

La charola

Las sillas altas con charolas acarrean varias dificultades. La primera es quizá la más obvia, pues la bandeja separa a la niña de la mesa. Y esta es la primera evidencia que encontrará de que su experiencia al comer es distinta a la de los demás. Ahora bien, el otro obstáculo es que, dado que es tan ligera y móvil, las herramientas para comer no se sostienen con seguridad. Por esto, solemos quitar los platos y vasos del lugar para comer, lo que le dará a la niña un segundo mensaje: *Mis herramientas no son como las tuyas. Más aún, cuando empieza a caminar, la niña tiene el potencial de subir y bajar de su silla, ¡pero no puede hacerlo porque la charola le estorba! Esto perpetúa que dependa de los cuidadores para participar en la comida.*

Herramientas "infantiles"

Con frecuencia les damos a niñas utensilios que son demasiado grandes para sus manos (y boca) y, por lo tanto, ¡exhiben una capacidad mucho menor de la que en realidad tienen! A fin de cuentas, las herramientas nos ayudan a hacer más cosas con las manos. Nos permiten ejercer más fuerza de la que tienen nuestras manos y nuestro cuerpo, y permiten movimientos mucho más sutiles (como llevarnos sopa a la boca). Sin embargo, cuando son del tamaño incorrecto, obstruyen la capacidad en vez de generarla. Por ejemplo, quizá te parezca que tomar fideos con un tenedor no es difícil. Ahora, imagina que, en vez de un tenedor normal, te doy un tenedor para servir ensalada. De pronto, comenzarás a tener problemas para hacer algo que, en otras circunstancias, eras perfectamente capaz de hacer. Usar herramientas que se ajusten a *las manos de la niña* te darán una idea mucho más clara de sus capacidades reales, lo que te permitirá hacerte a un lado cuando la niña sea capaz de hacer las cosas por cuenta propia.

Falta de modelado

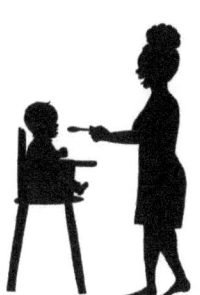

¿Recuerdas la mente absorbente (p. 9)? La niña absorbe todo sin esfuerzo, todo el tiempo. Por lo tanto, una de las mejores maneras de enseñarle a usar cubiertos es usándolos tú. Sí, que te vea comer es más efectivo de lo que sería "enseñarle" a hacerlo o haciéndolo por la niña. Además, si está con cuidadores que están conversando entre sí, ¡también aprenderá cómo funcionan las conversaciones! Esto le dará la oportunidad de establecerse como una persona que es capaz de cuidarse a sí misma (identidad) en el contexto de su comunidad social. La habilidad de satisfacer las necesidades propias y de participar en la comunidad es esencial para sentir una conexión con el grupo (un sentimiento necesario para seguir reglas sociales).

"¿No empezará a alimentarse por cuenta propia eventualmente?"

Quizá te estés preguntando si puedes cubrir el aspecto "sociocultural" de las comidas con otras cosas que no incluyan la parte de la autoalimentación. ¿Qué importa quién le da de comer siempre y cuando sea parte de la comida familiar? Además, no va a necesitar que le dé de comer para siempre, ¿no? Bueno, en primer lugar, la infancia se construye, ¿recuerdas? Eso significa que las raíces fundamentales que permiten que la niña sea capaz en el futuro se construyen desde muy temprano. Además, si pueden usar cubiertos en la infancia temprana, tendrán un mejor acceso a esas experiencias socioculturales.

Imagina que entras a un restaurante muy elegante y que en tu lugar hay ocho cucharas, ocho tenedores y ocho cuchillos, cada uno con un uso específico. En esa situación, ¿podrías sumergirte en la conversación y vincularte con la gente que te rodea? ¡No! ¡Toda tu atención estará puesta en los cubiertos que no sabes

usar! Lo mismo le pasaría a la niña si no aprende a usar sus utensilios. Al no saber cómo funcionan estas herramientas básicas para alimentarse, no puede enfocarse en los aspectos socioculturales de la comida, ¡aun estando ahí! Recuerda que la niña se híperenfoca en la adquisición del lenguaje y puede sacarle el máximo provecho a ese desarrollo si está presente en situaciones en las que es más probable que oiga lenguaje. Esto implica no enfocarse en *cómo* estar ahí (pues ya tiene esa habilidad), sino en con *quién* está compartiendo la experiencia.

la alimentación y los caminadores

 Dada la cantidad de lenguaje que se intercambia durante la comida y la increíble oportunidad que esto representa para la niñez, nuestra meta hasta ahora ha sido proteger el lugar de la niña en la mesa familiar. Para eso, hemos trabajado para que la niña sepa cómo estar ahí y comer lo mismo que los demás una vez que lo está. Pero esa última parte puede resultar un poco complicada cuando la niña tenga 18 meses.

¡Que no te engañen la quisquillosa de comer!

Las frustraciones que se expresan como berrinches son una parte común de la infancia temprana. Algunos berrinches pueden atribuírsele al orden (véase p. 32), y otros pueden relacionarse con la aparición de la palabra "yo" (identidad). Recuerda que "yo" es una declaración de que es una persona con ideas y decisiones propias. Un lugar habitual para expresar esas ideas y decisiones es la mesa, mediante "quisquillosa de comer". Verás: ser quisquillosa no tiene que ver con *preferencias* alimentarias; se trata de *autonomía* alimentaria. Esto significa que la niña solo quiere tener voz y voto en el proceso, y la mejor manera de que los tenga en el contexto de un plato saludable y bien balanceado es dándole opciones.

Tomar buenas decisiones

Para tomar decisiones funcionales (algo con lo que hasta la gente adulta sigue batallando), la niña necesita una cantidad razonablemente limitada de opciones entre las cuales elegir. Por lo tanto, la mejor manera de darle opciones es poner una serie de alternativas en el plato y dejar que decida qué va a comer. Con frecuencia, escondemos la fruta hasta que se coman las verduras, pero esto solo agrava el problema, pues restringe sus opciones. La idea básica es que tú tienes el control del "universo de opciones" (es decir, lo que hay en el plato), pero, dentro de esas opciones, la niña decide qué comer y cuándo comerlo. Luego, si no quiere comer lo que tiene enfrente, sigue la regla de oro para la quisquillosa de comer:

"No tienes que comértelo, pero no puedes pedir más
si todavía tienes comida en el plato."

resumen de comer

apoya

Invitarles a la mesa

Orientarles con las herramientas

Modela la hora de la comida

prepara

Un lugar en la mesa,

una comunidad con quien comer,

herramientas funcionales y de

tamaño adecuado

inspira

atención (0–6 meses)

conversación (6–12 meses)

participación (12–18 meses)

evita

bandejas

herramientas no funcionales

falta de modelaje y oportunidades

sueño: lee esto *primero*

Gran parte de lo que la doctora Montessori observó con respecto al sueño tenía que ver más con dónde ocurría que con cómo se desarrolla el sueño o cómo la habilidad de satisfacer esta necesidad se transfiere de adulta a niña.[69] Por lo tanto, gran parte del contenido está basado en mi propia aplicación del Método Montessori, mediante el cual estudié el desarrollo del sueño, observé los patrones de sueño infantiles de las familias con las que he trabajado (y de mis dos niñas) y saqué mis propias conclusiones lógicas. A la luz de esto, repasemos lo siguiente:

Los desarrollos se intersecan

Si estás leyendo esto sin haber leído los capítulos anteriores, *regresa*. Hay una razón por la cual este no es el primer capítulo. El movimiento, el lenguaje y la alimentación se intersecan y se desarrollan en conjunto con el sueño. Entender cómo se desenvuelven estos desarrollos no solo allanará el camino para entender mejor el desarrollo del sueño, sino que te empoderará para tomar mejores decisiones al respecto.

Este libro no contiene respuestas

Yo no soy experta en sueño y este no es un libro de soluciones. Este capítulo no te va a presentar un enfoque universal con respecto al sueño. En cambio, lo que encontrarás aquí es el contexto de desarrollo en torno al sueño durante la infancia temprana para que puedas llegar a respuestas por tu propia cuenta. Mi objetivo es que utilices el Método Montessori, como yo lo he hecho, para crear tu propio enfoque y darle a todo el mundo el sueño plácido y restaurador que necesita.

El método Montessori y el sueño

Esta es la gran idea de la doctora Montessori: si entiendes el desarrollo que la niña está intentando alcanzar y fomentas ese desarrollo dentro de tus espacios y dentro de ti, le permitirás acercarse mucho más a su verdadero potencial. Y con el sueño no es distinto. Esto significa que, una vez que entiendas su desarrollo, se espera de ti que lleves a cabo una cantidad considerable de *observación* y de ejercicios de *prueba y error* para favorecer un buen sueño al "estilo Montessori".

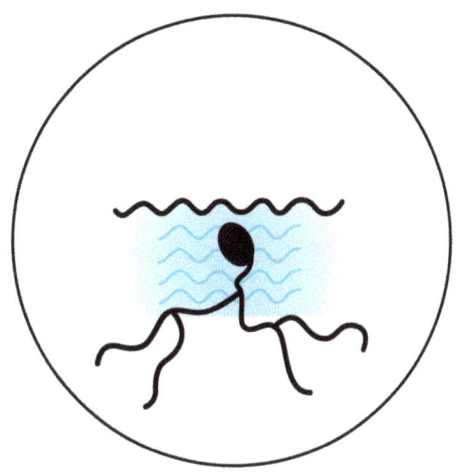

el sueño:

reparación, procesamiento y memoria

ilustraciones de:

tracy nishimura bishop

¿por qué el sueño es importante?

El sueño es nuestra segunda condición para el desarrollo. Durante el sueño, procesamos las experiencias, almacenamos recuerdos y mucho más. Es tan esencial para nuestro bienestar que, si no dormimos suficiente, nuestro estado de ánimo, memoria y función cognitiva se deterioran de forma notoraia.[70] Esta transferencia implicará pasar de que te encargues de que la niña se duerma a que la niña duerma por su cuenta. Ahora bien, "dormir por su cuenta" no significa "dormir en su propio espacio" ni "dormir toda la noche sin despertarse para comer". Solo significa que la niña tiene la habilidad de conciliar el sueño sin ayuda. Pero en este punto hay quien diría que ni siquiera deberías ayudarle a dormir desde el principio, pues desarrollará "malos hábitos". Por desgracia, esto no resuelve el problema: la niña tendrá molestias. Además, se ha acostumbrado a vivir en movimiento y a chuparse los dedos en el vientre; *por supuesto* que seguirá queriendo que la mezas, arrulles y le des de comer después del parto. Evitar brindarle ayuda cuando lo pide durante esta etapa no hará que mágicamente aprenda a autorregularse y calmarse; solo le enseñará a dejar de pedir las cosas (lo que perjudica el desarrollo del lenguaje y la formación de lazos afectivos). No obstante, como suele pasar con los bebés, *no son bebés para siempre*. Crecen y se vuelven capaces (de ahí que haya una transferencia). Así que preparemos para la transferencia echando un vistazo al espacio . . .

Un espacio para dormir

De la cuna al moisés y al colecho, las familias casi siempre tienen un espacio especial para que duerma su recién nacido. Este espacio, sin importar qué tan especial sea, casi siempre está orientado a la estatura de los cuidadores. Esto es importante porque puede ser difícil lograr la transferencia a que "duerma por su cuenta" si somos quienes controlan el espacio para dormir. Así que, en vez de usar un espacio para dormir orientado a las personas adultas, la doctora Montessori tuvo la no tan revolucionaria idea de colocar un colchón en el piso[71] que sea accesible para la niña. Las camas de piso no solo facilitan la alimentación a la mitad de la noche, sino que también apoyan la movilidad del bebé para que pueda subir a la cama cuando se canse y bajar de ella una vez que haya descansado. Suena bastante sencillo, tan sencillo como debería de ser su espacio.

la seguridad

Un control de seguridad típico incluye empotrar los muebles en la pared, tapar las tomas de corriente y asegurarte que cualquier material que esté en la habitación sea simple y seguro para la exploración de la niña. El colchón también debe cumplir con los requisitos de seguridad para que la niña duerma, sobre todo en términos de firmeza. Consulta con tu pediatra cuáles son las mejores opciones.

el colchón

Existen varios tamaños de colchón que pueden funcionar como cama de piso. No obstante, el colchón individual puede ser mucho más cómodo para que te recuestes junto a la niña para darle de comer y arrullarlo. Un colchón más bajo suele ser preferible (para las ocasionales caídas de la cama), acompañado de un tapete interior que brinde confort y calidez.

las otras cosas

Sencillo significa poco. Puedes tener 3 juguetes seguros y 3 libros (¡y nada más!). Los juguetes colgantes no deben de estar en su espacio durante el juego independiente, aunque un móvil visual encima de la cama, pero fuera de su alcance, puede ser muy agradable. Si usas una silla para darle de comer, que sea fija para evitar que explore el mecanismo de la mecedora.

el desarrollo de la transferencia del sueño

Ya que tenemos un espacio para dormir, miremos los puntos de inflexión que serán más relevantes para: 6–12 semanas, 4 meses y de los 6 meses en adelante.

6–12 semanas y la producción de melatonina

 La melatonina es una hormona que nos hace sentir cansancio cuando oscurece (de noche) y nos despierta cuando hay luz (de día). Es como un reloj interno que le dice al cuerpo cuándo dormir y cuándo despertar. El problema con los recién nacidos es que, mientras estuvieron en el vientre, no se expusieron al día ni a la noche, por lo que al principio no producen melatonina.[72] La niña puede recibir un poco de melatonina de la leche materna[73] (si acaso está presente), pero de todos modos necesitará entre 6 y 12 semanas de exposición al día y a la noche para comenzar a producirla. Esto es importante porque significa que antes de las 6 semanas en realidad no existe un horario fijo de sueño. También significa que después de este período la niña comenzará a desarrollar su propio horario. Lo ideal para establecer los horarios de la niña es basarte en su horario, ¡y eso implica saber cuál es! Vale la pena prestar atención a cualquier indicio de alineación con el día y la noche después de la sexta semana, y en particular a la aparición de "horas de despertar" entre siestas.

Desarrollos relevantes para la transferencia (0 a 18 meses)

	nacimiento	1 mes	2 meses	3 meses	4 meses	6 meses	7 meses
Motricidad gruesa *(mielinización)*		Sostiene la cabeza (cuello)			Rueda (hombros)	Se sienta (torso)	
Motricidad fina		Reflejo de prensión		Prensión voluntaria		Prensión con toda la mano	
Dientes						Incisivos centrales	
Sueño		Producción de melatonina			Madurez del sueño		
Otros hitos	Rango de visión de 18–76cm		Sigue objetos con la mirad		Maduración de color y profundidad		
Períodos sensibles	Lazos y apegos* (véase "El trabajo de jardinería", p. 103)						

4 meses y la maduración de los sistemas

El sueño (como casi todos los sistemas de los recién nacidos) es inmaduro al nacer. Madura alrededor de los cuatro meses.[74] La cosa con el sueño maduro es que incluye interrupciones de rutina después de cada ciclo de sueño (cada 90 minutos, más o menos, a lo largo de la noche). Y, aunque las personas adultas no recordamos estas interrupciones al despertar, son un importante mecanismo de supervivencia para "verificar" nuestro entorno y asegurarnos de que todo sigue como estaba cuando nos dormimos. Cuando esta madurez ocurra, la niña comenzará a prestar atención a *dónde* y *cómo* duerme (*¿Estoy en el mismo lugar? Ya me desperté ¿cómo me vuelvo a dormir?*). Estas preguntas son relevantes para la transferencia, pues implican un cambio en el papel de la adulta que puede ser abrupto. Mecer a la niña, por ejemplo, pudo haber sido un gran apoyo para que conciliara el sueño cuando no estaba prestando atención, pero ahora es fuente de alarma debido al desarrollo: *¡Ayuda! ¡Algo está mal! ¡Me dormí en un lugar* (tus brazos) *y ahora estoy en otro* (mi cama)!

6 meses y la época de las alteraciones del sueño

Los seis meses marcan el inicio de un período plagado de alteraciones del sueño (dentición, ansiedad de separación, movilidad). Estos infractores reincidentes requieren más atención adulta (no menos) y complican nuestra capacidad para encontrar tiempo libre que nos permita transferir esta habilidad. En la siguiente tabla se encuentran los desarrollos que necesitan más apoyo (rojo), el menor apoyo (verde) y la que resulta ser la ventana menos complicada (amarillo):

8 *meses*	9 *meses*	10 *meses*	11 *meses*	12 *meses*	14 *meses*	16 *meses*	18 *meses*
Gatea (muslos)			Se pone de pie (pantorrillas)		Camina (pies)		
Oposición pulgar/dedos		Pinzas con los dedos / aplaude			La mano como herramienta de la mente		
(6–12 Meses)		Incisivos laterales (9–16 meses)			Primeros molares / caninos (13–23 meses)		
	Permanencia de los objetos y ansiedad de separación (*¿Puedo satisfacer mis necesidades?*)						
					Orden (1–3 años)		

"yo lo hago por ti" (o a 4 meses)

Los primeros cuatro meses son un período en el que, por lo general, la adulta ayuda a su niña a dormir. Ahora bien, mientras que hay niñas que son más que capaces de conciliar el sueño sin ayuda, a la mayoría se les debe arrullar o rebotar durante esta etapa. Y eso está bien porque no hay malos hábitos, ¿cierto? ¡Cierto! Pero eso no quiere decir que no podamos cultivar buenos hábitos también.

Buenos hábitos

Como adulta, has estado produciendo melatonina desde la infancia temprana, pero eso no significa que debas irte a la cama en cuanto oscurece. Esto se debe a que, al *no irte a la cama* (es decir, cambiando tus rutinas), puedes "desobedecer" al reloj interno que te está diciendo que te vayas a la cama. De hecho, una vez que el reloj interno de la niña se echa a andar, comenzará a fijarse en ti en busca de indicios de que es hora de dormir más de lo que se asomará por la ventana para asegurarse de que ya haya oscurecido (*¿En serio ya es hora de dormir?*). Esto no solo les permite lidiar mejor con los cambios de estación, sino que también te permite recurrir al indicador social más esencial para el sueño: las rutinas.[75] Una rutina es cualquier orden constante de sucesos (por ejemplo: 1. Cambiar el pañal, 2. Dar de comer, 3. Cantar una canción, 4. Arrullar hasta que se duerma). "Un orden constante" implica que hay que seguir *los mismos pasos en el mismo orden* antes de dormir. Con la constancia suficiente, la niña comenzará a prever cuándo se acerca la hora de dormir y, por lo tanto, se sosegará y preparará para la última transición antes de dormir. Tanto las rutinas como la exposición temprana a la luz del sol (salir a la calle durante el día) facilitan el desarrollo de este reloj interno.[76]

Dormir lo suficiente

La niña necesita entre 11 y 12 horas de sueño durante la noche y cantidades cada vez menores de sueño durante el día a lo largo de los primeros 4 o 5 años (sí, años). Pero ¿qué son exactamente "la noche" y "el día"? En términos sencillos, "la noche" es el período de 11 o 12 horas en el que la niña se despierta para comer y de inmediato vuelve a dormir. "El día", por su parte, son las 11 o 12 horas, durante las cuales la niña despierta por un período de tiempo más prolongado antes de volver a dormir ("siestas").

0 a 6 semanas

Las rutinas son el primer buen hábito, pues crean un plano predecible de los pasos que llevan al sueño. Se pueden empezar a implementar tan pronto como puedas hacerlo (lo que sea que puedas hacer está perfecto, de verdad). Recuerda que lo siguiente es probable que no sea constante: dónde dormirá la niña, cómo logrará dormirse o cuánto tiempo dormirá.

6 a 12 semanas

Una vez que los horarios después de la siesta se vuelven predecibles, alrededor de las 6 semanas, es posible anticiparlas y dar seguimiento a su evolución a lo largo de las semanas. Por ejemplo, si el intervalo entre siestas es de 45 minutos y despertó a las 7:00, busca señales de cansancio alrededor de las 7:45 para que tome su primera siesta.

12 a 16 semanas

Con la maduración del sueño que ocurre por ahí de los 4 meses (véanse las Notas, p. 79), puede ser útil tener en cuenta las horas habituales para darle de comer a la niña durante la noche. Saber cuándo acostumbra a comer te ayudará a diferenciar entre interrupciones del sueño relacionadas con el sueño y las verificaciones del desarrollo.

"lo hacemos en equipo" (4 a 6 meses)

¿No sientes que duermes mejor en casa y que te despiertas más seguido cuando estás en otro lugar? Pues en realidad te despiertas para hacer estas "revisiones" sin importar dónde duermas, pero la diferencia es que despiertas de forma más completa cuando tienes que pensar en dónde estás. Gran parte de lidiar con esta maduración, por lo tanto, implica tener *un lugar para dormir que sea constante.*

Dónde dormir

Si la niña se duerme en el mismo lugar donde va a despertar y duerme en el mismo lugar la mayor parte del tiempo, será más probable que no despierte por completo para "verificar" y (con algo de suerte) volverá a dormirse casi de inmediato. Por supuesto, mientras más despierte durante las verificaciones, más probable será que necesite ayuda para volver a conciliar el sueño. Recuerda que esto no significa que debas "adelantarte" a este proceso y no ayudarle a dormir desde el principio; a esta edad no está prestando atención y ni siquiera puede ver tan lejos como para reconocer dónde está. Durante los primeros meses, usa los apoyos para el sueño que les funcionen y concentra tus esfuerzos en establecer una rutina. Luego, cuando observes un alargamiento sostenido y constante de los intervalos entre siestas, tal vez quieras privilegiar un único espacio para dormir.

Cómo dormir

Tener un mismo lugar para dormir no servirá de nada si la niña *no está despierta* cuando comienza el proceso del sueño. Durante la transición de los 4 meses, esto significa dejar de acostar a la niña *cuando ya se durmió* y empezar a acostar a la niña *antes de que se duerma*, lo que nos lleva a *cómo* es que se duerme. Ya sea meciéndola, arrullándola, amamantándola o de otra forma, eso será lo que la niña busque cuando la acuestes despierta (porque la niña, al igual que tú, querrá dormir). La pregunta es si puede replicar una versión de esa actividad por cuenta propia. Así que, antes de abordar esta pregunta, pensemos en qué significa la "madurez" en el contexto del desarrollo. La madurez significa *independencia.* Cuando el sistema digestivo madura, la niña puede alimentarse por cuenta propia. Cuando el cuerpo madura, puede moverse por cuenta propia. Y cuando el sueño madura, la niña puede conciliar el sueño por cuenta propia también. La independencia es el resultado evolutivo de la madurez, pero solo si le permites a la niña hacer estas cosas por su cuenta.

Cuando el movimiento induce el sueño (y cuando no)

Un bebé que se duerme con el movimiento (mecer, cargar, rebotar, viajar en auto, etc.) suele despreciar las cosas que limitan su movimiento (como el envoltorio o el rebozo). La habilidad motriz de rodar será importante para esta niña, pues al fin podrá recrear ese movimiento sin ti. Si le das la oportunidad, la niña podrá patear, mecerse, girar o retorcerse para dormir. Si a la niña le gusta el movimiento para poder conciliar el sueño, necesitará tiempo para practicar sus capacidades motrices durante el día y la oportunidad para aprovecharlas durante la noche. Ten en cuenta que, si la niña no ha mostrado algún apego al movimiento o si le gustan cosas que eliminan el movimiento como el rebozo, es posible que el movimiento esté teniendo un efecto estimulante.

Cuando chupar induce el sueño

Niñas que se duermen chupando (durante la lactancia, con chupones, etc.) suelen empezar a rechazar el envoltorio que antes les gustaba porque no pueden alcanzarse las manos. La habilidad motriz para agarrar cosas (alrededor de los 3 meses) será importante para la niña, pues por fin podrá controlar las manos para llevarse los dedos a la boca (¡si están a su alcance!). Este puede ser un buen momento para quitarle el chupón (pues es una necesidad que ya podrá satisfacer sin ayuda).

Sentimientos desbocados

Quizá te preguntes qué hacer si la niña llora la primera vez que la acuestas estando despierta. Primero, debes saber que no hay un método universal para estas cosas. Recuerda que el llanto es una forma de *comunicación*, y tu trabajo es descifrar qué es lo que está intentando decirte (no solo hacer que se calle). A fin de cuentas, podría estar diciéndote: *¡Ayuda! Te necesito*, o *¡Me estoy esforzando por hacer esto!* Es importante discernirlo, porque ante lo primero se le apoya con *un paso al frente* y ante lo otro con un paso al costado. También quiero que te hagas la siguiente pregunta: Si la niña llorara cada vez que le cambias el pañal, ¿seguirías cambiándoselo? ¡Sí! Al igual que la higiene, el sueño es una condición esencial. La primera pregunta que debes hacerte, por lo tanto, es si está durmiendo lo suficiente. Si, a pesar de lo mucho que te esfuerzas, la niña no está durmiendo lo suficiente, a veces, un paso al costado es el mejor paso al frente que puedes dar (¡y la niña podría sorprenderte!).

"tú lo haces" (6 a 18 meses)

 Esta es una etapa marcada por las perturbaciones del sueño, en la que la niña querrá y necesitará apoyo adicional para conciliar el sueño por culpa de la dentición, la ansiedad de separación y las habilidades motrices que la niña querrá practicar todo el día y toda la noche. Es importante señalar que el apoyo que le brindes no tiene que ser igual al que le brindaste durante los primeros meses, cuando tú te hacías cargo de que conciliara el sueño. Este apoyo consiste en ayudar a transitar el dolor físico (dentición), la emoción con respecto a la movilidad (hitos motrices) y los sentimientos de distanciamiento (ansiedad de separación). Por lo tanto, evita reincorporar apoyos para el sueño, como mecer, arrullar o chupar, solo para que la niña vuelva a dormirse. Estos "apoyos" no resuelven el problema de fondo (aun si la niña vuelve a dormirse) y pueden menoscabar algunos de los hábitos de sueño independientes que la niña ya ha formado. En vez de eso, contempla las siguientes opciones:

dentición

El sello distintivo de esta perturbación del sueño es el dolor. Que entres al cuarto no le va a quitar el dolor, así que con frecuencia la niña seguirá con malestar. La dentición aguda (cuando el diente está cortando la encía) suele implicar entre 24 y 48 horas de dolor. Reconfortar y ayudar a aliviar el dolor si es útil. Además, la cama de piso te permite recostarte junto a la niña y darle consuelo.

hitos motrices

El sello distintivo de esta perturbación del sueño es el movimiento; la niña se despierta durante la noche para practicar sus nuevas habilidades motrices. A fin de cuentas, parte de su desarrollo es aprender cómo DES-sentarse, DES-pararse o gatear de regreso a su cama. Esto es algo que aprenderá si se lo permites. Dale mucho tiempo durante el día para moverse con libertad.

ansiedad de separación

El sello distintivo de esta perturbación del sueño es que la niña se tranquiliza de inmediato con tu presencia. Esto puede durar entre 1 y 3 meses, y puede ser más notorio durante la hora de acostarse de lo que lo es el resto de la noche. Sentarte con la niña y hacerle compañía le brindará apoyo durante este período. También te ayudará la cama de piso.

11 a 12 horas de sueño en la noche

6 a 9 meses

Alrededor de los 6 meses, muchos bebés (o la mayoría) han ceñido su rutina de sueño durante el día a una o dos siestas que suman entre 1 y 3 horas en total. El sueño por la noche ya es de 11 a 12 horas, tal vez sin necesidad de darle de comer. Puede ayudarte a observar si se despierta para comer todas las noches a la misma hora.

9 a 12 meses

A los 9 meses, la mayoría de los bebés deja atrás la tercera siesta y se adapta a una rutina de siestas más o menos predecibles en la mañana y la tarde. Este período suele ser difícil para el sueño nocturno, pues las perturbaciones del sueño más comunes se empalman. Priorice dormir sobre cualquier estrategia específica.

12 a 18 meses

Cerca de los 12 meses, algunos bebés hacen la transición a una siesta larga, de varias horas, a la mitad del día. Una sola siesta sugiere un intervalo de sueño de 4 a 5 horas (de 7:00. a 12:00, por ejemplo). Si la niña solo pasa un período de 3 a 4 horas entre siestas, es posible que no sea tiempo aun de dejar una de las dos siestas.

qué cosas limitan el sueño independiente

El "sueño independiente" no significa que la niña necesite dormir en su propio espacio, como tampoco significa que puede "dormir toda la noche" sin comer. Tan solo significa que, después de la maduración del sueño, puede conciliar el sueño por cuenta propia. Por ende, la principal limitante del sueño independiente es que no observes a la niña. Quizá a la niña le saldrán los dientes a los 4 meses y no a los 6. O tal vez no ruede sino hasta los 6 meses. O su sueño podría madurar más cerca de los 3 meses que de los 4. Por eso, te resultará mucho más sencillo favorecer el sueño de la niña si le prestas atención a su desarrollo motriz, disposición, preferencias e indicaciones individuales.

El columpio

El sueño independiente no tiene que ocurrir lejos de la adulta; lo que implica es que la niña es capaz de conciliar el sueño sin ayuda. El columpio (o cualquier otra mecedora automática) no ayuda mucho en este sentido porque sigue ayudándole a dormir, solo no en los brazos de los cuidadores. Si la niña todavía necesita ayuda, los brazos por lo menos tienen el beneficio del contacto físico (¡esencial para formar lazos y apegos!). Además, los columpios limitan la habilidad de la niña para rodar, lo que, a su vez, limita su capacidad para replicar el movimiento después.

No actualizar el enfoque

La prioridad es obtener un sueño de calidad para la niña y para ti. Por lo tanto, si el sueño está empeorando con las mismas estrategias, quizá sea momento de intentar algo distinto. Por ejemplo, las siestas en la carriola o el portabebé pueden ser maravillosas al principio, pero luego son menos eficientes con niñas de 3 o 4 meses. Tal vez mecer a la niña hacía que se durmiera en diez minutos cuando tenía dos meses, ¡pero ahora toma más de dos horas! ¡Capta la indirecta y haz los ajustes necesarios!

Siempre que estés estableciendo una nueva rutina o un nuevo enfoque con base en el desarrollo de habilidades o en las transiciones, ¡lo mejor es siempre ser constante! Establecer un mejor patrón para el sueño, entonces, no se trata únicamente de lo que haces, sino también de qué tan constante eres al hacerlo. Hay varias formas de forjar hábitos de sueño saludable, siempre y cuando el sueño individual de la niña esté en el centro de tus consideraciones.

el sueño y los caminadores

¿Has oído hablar de los terribles 2 años? ¿Sabes qué pone a la niña de peor humor que nunca? No, no son los zapatos que pusiste en la zapatera "equivocada," ni tampoco es el tentempié que rechazó y que ahora se muere por tener. Es no dormir lo suficiente. ¡Los 2 años no son tan terribles como dicen! Sin embargo, entre la aparición de las muelas, la recién descubierta asertividad, la consciencia sobre el uso del baño y los últimos besos y abrazos antes de dormir, dormir lo suficiente parece más una fantasía que una realidad. ¿Qué puedes hacer?

Una cama accesible en una habitación segura y cerrada

Una de las cosas maravillosas de empezar con una cama de piso desde la infancia temprana es que provee independencia en la habitación en un momento en que la niña es mucho menos asertivo en su propio espacio. Si tener acceso a su

habitación le es algo nuevo, con frecuencia retrasará la hora de dormir a causa de toda esa recién descubierta libertad. Recuerda que el punto de la cama de piso es el acceso al sueño, así que cualquier arreglo que le permita a la niña subir y bajar de su cama será suficiente. Una cama accesible no solo reduce las batallas a la hora de dormir para mamás y papás, sino que le dará a la niña la libertad de volver a la cama cuando sienta cansancio y quiera hacerlo. Por lo tanto, una baranda para bebés (o cosas similares) en la puerta de la habitación ayudará a respaldar las exploraciones de la niña cuando deje (y vuelva a) su espacio para dormir, a la vez que evitará que salga su habitación.

¡Deja que ayude!

Recuerda que, en esta etapa, la niña sigue en el período sensible del orden, lo que significa que las rutinas tienen una importancia vital para el sueño. Y si la niña quiere hacer todo por cuenta propia, tal vez quiera comenzar a participar en la rutina también. Deja que se cambie la ropa, se lave los dientes, se pare en un banquito para apagar la luz, elija el libro, pase las páginas y escoja la siguiente canción. Al involucrar a la niña en su rutina del sueño, desarrollará más su agencia (¡y no te retará tanto!).

resumen del sueño

apoya

escucha en vez de tranquilizar

dale rutinas

observa cambios en el sueño

prepara

una cama accesible

en una habitación segura y

cerrada

inspira

¡ayúdale! (0–4 meses)

el dónde y el cómo (4–6 meses)

confía en que puede (6–18 meses)

evita

columpios

no actualizar el enfoque

rutinas inconstantes

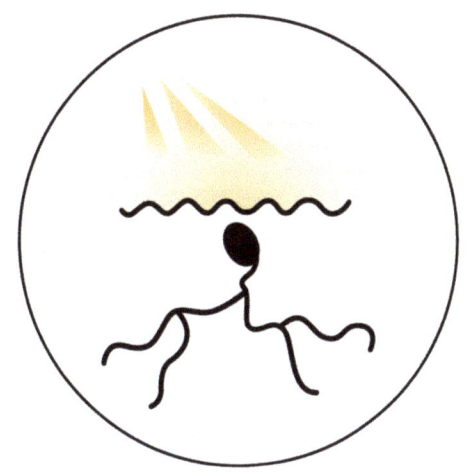

la higiene

salud y bienestar

ilustraciones de:

brenda brambila

la transferencia de la higiene

La higiene es la última condición del desarrollo e incluye cosas como el acicalamiento (cuidado del cabello, la piel o las uñas), el baño (aseo de la cara y el cuerpo) y el uso de pañales o del baño. En pocas palabras, la higiene es importante porque nos ayuda a evitar enfermedades, y luchar contra las enfermedades le quita energía y nutrientes al desarrollo.[77] Lo que se transfiere es la responsabilidad de satisfacer esas necesidades: de ti a la niña. Las tareas en torno a la higiene requieren algún tipo de herramienta para ser exitosas: el inodoro, una esponja, un peine, cepillo de dientes, ropa, etc. El uso de herramientas es complejo porque no solo tienes que esperar a que la niña desarrolle sus habilidades básicas, sino también porque tienes que esperar a que entienda qué son las "herramientas", algo que le tomará cierto tiempo. Resulta ser que sentarse es un hito importante para ambas cosas. Cuando la niña pueda sentarse, tendrá un uso más funcional de las manos, lo que satisfará la parte de las "habilidades básicas" para usar herramientas. Además, la niña comenzará a sentarse casi al mismo tiempo que empiece a comer sólidos, y ahí es cuando encontrará su primera herramienta real: la cuchara. Sin embargo, la niña de 6 meses no usará la cuchara como "herramienta" en un principio, lo cual será notorio por la forma en que la toma. Al principio, la niña tomará la cuchara por la cabeza y no por el mango. Si bien esta forma de hacerlo tiene sentido, pues en la cabeza de la cuchara es donde está la comida, esto no será muy distinto a usar los dedos (¡y será igual de caótico!).

Desarrollos relevantes para la transferencia (0 a 18 meses)

	nacimiento	1 mes	2 meses	3 meses	4 meses	6 meses	7 meses
Motricidad gruesa (*mielinización*)		Sostiene la cabeza (cuello)		Rueda (hombros)		Se sienta (torso)	
Motricidad fina	Reflejo de prensión		Prensión voluntaria			Prensión con toda la mano	
Lenguaje receptivo		Gira la cabeza hacia los sonidos				Comienza a entender/ responder	
Lenguaje expresivo		Sonríe y gorgorea				Balbuceo (canónico) *"el nuevo llanto"*	
Otros hitos	Rango de visión de 18-76 cm		Sigue objetos con la mirada		Maduración de la profundidad y el color		
Períodos sensibles	Lazos y apegos* (véase "La jardinería", p. 103)						

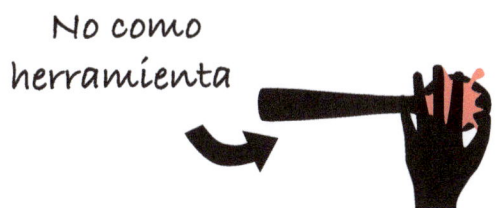

No como herramienta

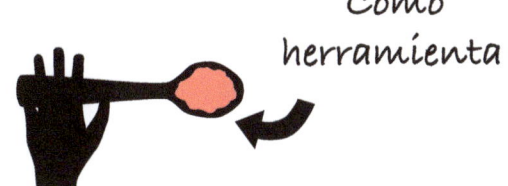

Como herramienta

No obstante, tras algo de práctica con la cuchara, la mano de la niña da el emocionante paso de tomar la cuchara por el mango (donde no está la comida). Este es un hito importante porque demuestra que la niña está haciendo una cosa (tomar la cuchara) para lograr otra (comer). Es en este punto en que la niña comienza a usar objetos para ayudarse a hacer cosas: descubre las *herramientas*.

¿Cómo se relaciona esto con las tareas de la higiene?, y ¿Cuándo podría comenzar esta transferencia? Recuerdas que el movimiento es aprendizaje. Pues el aprendizaje de qué son las herramientas no proviene de saber qué es la herramienta. Si ése fuera el caso, tendrías que esperar hasta después de que la niña tuviera una mayor conciencia cognitiva para introducir dichas herramientas (una indicación común con los cubiertos y el baño). En vez de eso, el aprendizaje sobre qué son las herramientas proviene directamente de la exploración intencionada que hace la niña con la herramienta. Todas las herramientas de higiene (cepillos, utensilios, paños, y, sí, ¡el inodoro también!) se las puedes presentar en el momento en que empiece a sentarse (alrededor de los 6 meses), así que, para cuando la niña descubra para qué sirve cada una (entre 7 y 9 meses), tendrá la preparación suficiente para comenzar a usarlas con éxito. Este es el terreno en el que la niña puede pararse, pero solo si se lo permites (capacidad).

8 *meses*	9 *meses*	10 *meses*	11 *meses*	12 *meses*	14 *meses*	16 *meses*	18 *meses*
Gatea (muslos)			Se pone de pie (pantorrillas)		Camina (pies)		
Oposición pulgar/dedos		Pinzas con los dedos / aplaude			La mano como herramienta de la mente		
Sabe su nombre		Aumento en la comprensión / responde a peticiones sencillas			Entiende hasta 50 palabras (y sobreextensión)		
		Balbuceo (variado) / señala			Primera palabra (y sobreextension)		
	Permanencia de los objetos y ansiedad de separación (¿Puedo satisfacer mis necesidades?)						
					Orden (1-3 años)		

preparar el espacio

Hay unas cuantas observaciones acerca de cómo la intersección de los desarrollos interviene en la preparación de nuestros espacios para estas tareas de higiene. El primero es que las niñas de menos de 6 meses no son funcionalmente capaces de hacerse cargo de sí mismos, y por eso un lazo con una adulta que pueda hacer estas cosas por ellos o ellas es tan importante. La segunda son los importantes hitos motrices de sentarse y caminar. El sentarse inaugura el camino hacia el descubrimiento de las herramientas, pero también implica el control muscular del área del torso (que es importante para el aseo). De igual forma, caminar le permite construir una secuencia de higiene (*por ejemplo: Tengo que lavarme los dientes: camino al lavabo, me subo al banquito, tomo mi cepillo y me los lavo*)

Además, el lenguaje también está en desarrollo durante este período. Los cambios importantes hacia la comprensión después de los 6 meses no se limitan solo a las palabras, sino que incluyen conceptos, normas y expectativas. Uno de los conceptos que la niña está intentando entender es quién es responsable del cuidado de su cuerpo. Si aprende desde temprano que es responsable de su propio cuerpo, de su cuidado y de sus acciones, llegará a la infancia con mayor capacidad y una base sólida para las relaciones sociales entre pares.

La cómoda de tamaño infantil

Vestirse es una habilidad fundamental y necesaria para varias de las tareas de higiene (en particular, bañarse y asearse). Sin embargo, los cuidadores suelen guardar la ropa de la niña en cómodas o armarios de tamaño adulto. La falta de acceso a las prendas que están intentando ponerse crea un obstáculo innecesario para desarrollar esta habilidad. Si te quieres adelantar a su participación, pon en la habitación una cómoda infantil desde el nacimiento que la niña pueda empezar a usar en cuanto empiece a gatear.

herramientas de su tamaño

La funcionalidad de la herramienta no depende de la herramienta misma, sino de cómo guíes a la niña para usarla. Todas las herramientas deberían estar vinculadas a un propósito claro (las cucharas son para comer, el inodoro es para hacer del baño, etc.). Si no hay un propósito específico (y solo dejas que la niña juegue con la herramienta), no descubrirá para qué sirve. Las exploraciones que hay que fomentar son aquellas que parezcan estar vinculadas con la tarea; las que sean improductivas o poco seguras deben ser redirigidas (véase Límites, pp. 38–39).

accesibilidad

Es maravilloso tener herramientas de tamaño infantil que sean funcionales, da igual que existan si no están al alcance de la niña. Esto significa que la accesibilidad es clave para la transferencia de la higiene. Piensa en cuáles son las tareas de higiene que haces por la niña y en cómo se vería que las hiciera por su cuenta. Quizá esto implique añadir un banquito para que alcance el lavabo y se cepille los dientes; colocar platos y cubiertos en un estante bajo; o ponerle un inodoro bajo en un espacio abierto. El punto es que no podrá usar aquello que no pueda alcanzar.

"yo lo hago por ti" (o a 6 meses)

La oportunidad para que la niña se valga por cuenta propia durante los primeros 6 meses de vida, junto a una adulta receptiva que satisfaga sus necesidades, le permite entrar a los siguientes 6 meses con la preparación requerida para empezar a satisfacerlas sin tu ayuda. En estos primeros 6 meses, le das de comer, la bañas, le cambias el pañal y casi todo lo demás, pues los bebés aún no pueden hacer estas cosas por cuenta propia. A pesar de esto, el bebé participa de forma activa en las tareas por medio de la comunicación. Si no inhibes sus intentos de comunicarse (con un chupón durante el día o con horarios impuestos por ti durante los primeros 3 meses), la niña estará a cargo del proceso de satisfacer sus necesidades. Eso es lo que construye el razonamiento de que esas necesidades son suyas y es lo que le da el espacio para expresarlas. Esa es la esencia de la raíz de la identidad. Por lo tanto, es importante recordar durante esos 6 meses que se trata de su cuerpo, aun si tú tienes la responsabilidad de hacerte cargo de él. Esto significa que la niña puede tomar decisiones sobre su cuerpo, entenderlo mejor y tener a una adulta preparada para dar un paso al costado en cuanto sea capaz de hacer algo por cuenta propia. Veamos algunos de los puntos destacados de los capítulos anteriores:

movimiento

Un espejo bajo y horizontal es de gran ayuda para la niña durante los primeros 6 meses porque ayuda a desarrollar el sentido de qué es su cuerpo, cómo se mueve y cómo se ve. Por esta razón, un espejo real es ideal.

lenguaje

La oportunidad para desarrollar el lenguaje durante las tareas de higiene es genial. La niña puede sentir las partes de su cuerpo que está nombrando. Además, los procesos de higiene representan cómo la niña cuidará de su propio cuerpo.

comer

Las comidas son un buen momento para que la niña exprese sus necesidades, pues puede iniciar y llevar el ritmo de la alimentación. Al dejar que decida cuándo tiene hambre o cuándo no, aprenderá a escuchar a sus necesidades.

el baño

El baño de bebé[78] típicamente comienza después de que se cae el muñón del cordón umbilical (más o menos 1 o 2 semanas después del parto). Ponle atención particular al lavado del cuello, las manos y los pies, y recuerda mostrarle a la niña el lenguaje de su cuerpo durante el baño. Durante los primeros meses, la niña no es capaz de regular su temperatura corporal y puede enfriarse muy deprisa después del baño. Prepárate con anticipación y ten a la mano todo lo que necesitará. Intenta tener primero un mameluco que se abra por delante, luego el pañal encima y después la toalla.

los pañales y el inodoro

El primer paso para ir al baño son las "ganas": la capacidad de reconocer la necesidad de "ir". Los recién nacidos dejan muy en claro cuándo necesitan que los cambien, pero ¿qué pasa entonces con un bebé de 8 meses que se sienta en su popó y no dice nada? Los pañales desechables suelen estar diseñados para que los bebés se sientan secos a pesar de no estarlo. Esto los desconecta de "las ganas", lo que puede complicar que aprendan a ir al baño más tarde. Considera usar pañales de tela o los pañales menos absorbentes[79] para retener la información correcta sobre el cuerpo de la niña.

"lo hacemos en equipo" (6 a 12 meses)

Esta época marca el comienzo de la transferencia, pues la niña ya se sienta y puede usar las manos con más precisión. Esta habilidad permite el uso de varias herramientas para la higiene: el cepillo de dientes, un paño para la cara, una esponja, etc. Si bien la adulta puede refinar cada tarea para asegurarse de que esté bien hecha, el punto es darle a la niña la posibilidad de participar, pues ya puede hacerlo. La única tarea de higiene que es un poco más complicada es ir al baño, pues la niña necesita varias habilidades (y varias herramientas también) que trabajen en conjunto para volverse verdaderamente independiente. Por esa razón, ir al baño será nuestro enfoque principal al discutir las oportunidades importantes para transferir la responsabilidad de la higiene que aparecen entre el momento en que la niña se sienta y en el que comienza a caminar.

Un inodoro tamaño infantil

Pensemos en los pasos que la niña tiene que seguir para poder ir al baño de forma independiente. Primero, necesita identificar la sensación de tener que ir, que puede sentir desde el nacimiento ("las ganas"). Luego, necesita ir a un lugar particular designado para la excreción, que es donde sea que esté la bacinilla, idealmente en un solo lugar de la casa ("ubicación"). Por último, necesita quitar su ropa del camino antes de hacer, lo que por lo regular es posible después de que empieza a caminar ("vestirse"). La idea, entonces, es fomentar el desarrollo de cada habilidad individual durante la infancia temprana para que, cuando llegue la niñez, la niña pueda conjuntarlas todas y aprenda a ir al baño de forma independiente. Este enfoque, en consecuencia, es distinto al método de "entrenamiento".

Orientación de un inodoro

La principal diferencia entre el entrenamiento y la orientación para ir al baño es que con la orientación no hay una expectativa de que la niña usará el baño con éxito (no importa si no hace nada). La expectativa es que tenga la oportunidad de hacer en un lugar que no sea su pañal mientras practica el control muscular en la región de la vejiga y el esfínter (es decir, sentarse). Esto conlleva incorporar un inodoro bajo de tamaño infantil ("bacinilla") una vez que sea capaz de sentarse bien.

Cómo incorporar el inodoro

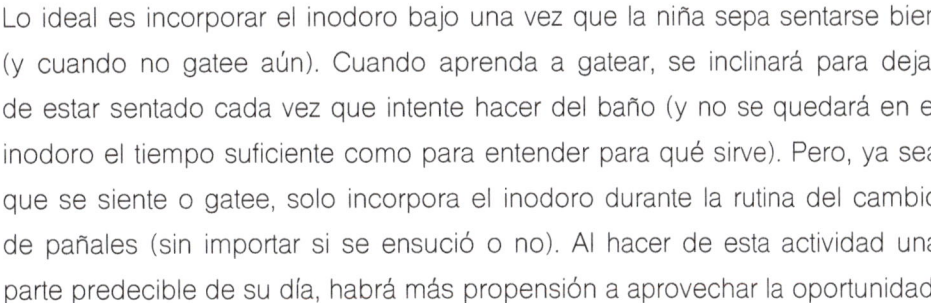

Lo ideal es incorporar el inodoro bajo una vez que la niña sepa sentarse bien (y cuando no gatee aún). Cuando aprenda a gatear, se inclinará para dejar de estar sentado cada vez que intente hacer del baño (y no se quedará en el inodoro el tiempo suficiente como para entender para qué sirve). Pero, ya sea que se siente o gatee, solo incorpora el inodoro durante la rutina del cambio de pañales (sin importar si se ensució o no). Al hacer de esta actividad una parte predecible de su día, habrá más propensión a aprovechar la oportunidad. Entonces, en cada cambio de pañal, quítaselo, limpia lo necesario y haz que se siente en el inodoro. Luego, deja que se levante cuando quiera y, con dulzura, verbaliza lo que ocurrió (*¡Hiciste pipí!* o *¡No salió nada!*). Eso es todo, *en serio*.

¡Sin celebraciones en el baño!

Decir cosas como "¡Muy bien!" puede parecer intuitivo o alentador, pero en realidad es bastante contraproducente. ¿Recuerdas que la niña no necesita instrucciones para desarrollarse y solo mueve el cuerpo hasta que lo logra? Pues tampoco necesita opiniones sobre cómo van las cosas. Los elogios[80] funcionan como un "motivador externo" para quien ya está bastante motivado como para construir esas habilidades. En el mejor de los casos, las celebraciones animan a la niña a mirar hacia afuera en busca de la recompensa del elogio, en vez de mirar hacia adentro y aprender sobre su cuerpo. En el peor de los casos, los elogios generan una presión innecesaria para excretar con éxito, lo que puede provocar que la niña sienta tensión y renuencia frente a todo el proceso. Un reconocimiento cálido y dulce de lo sucedido es más que suficiente.

Cambio de pañal de pie

Después de sentarse, el siguiente hito motriz antes de caminar es tomarse de algo para ponerse de pie. Esto es importante porque, en cuanto pueda pararse, es probable que odie recostarse. La posición pasiva durante el cuidado del cuerpo puede volverse desalentadora, en especial si la niña ya comenzó a satisfacer algunas necesidades por su cuenta. En vez de continuar batallando, ¡intenta hacer que el cambio de pañal sea vertical! El cambio de pañal de pie funciona mejor cuando la niña está frente a un espejo vertical y tu rodilla sostiene el pañal por detrás. El espejo permite que la niña vea el proceso y cómo la ropa se quita y se pone, lo que será esencial para el siguiente paso: vestirse.

"tú lo haces" (12 a 18 meses)

Es en este punto que la niña tiene un mayor uso funcional de sus herramientas y puede completar la secuencia de pasos necesarios para cada tarea. Para impulsar a la niña a que realice las tareas por cuenta propia, es útil determinar primero cuáles son los pasos necesarios para lograr cada una y luego preparar los materiales que le permitirán hacerlo. Por ejemplo, piensa en los pasos necesarios para salir de casa: la niña necesita ponerse los zapatos y el abrigo. Considera conseguir zapatos que pueda ponerse sin ayuda y poner un perchero bajo de donde pueda tomar su abrigo. Así, habrás impulsado a la niña a conjuntar las habilidades requeridas para satisfacer sus necesidades.

Vestirse

Durante los últimos 6 meses, si has orientado a la niña en el uso del baño, habrá comenzado a dominar "las ganas", "el control muscular" y "la ubicación". La última pieza del rompecabezas de ir al baño es "vestirse". Permítele a la niña que empiece a vestirse por su cuenta entre 6 y 12 meses (tras darle orientación sobre dónde está su ropa y dejándolo elegir las prendas sin ayuda); sin embargo, casi todas estas acciones necesitarán que camine. Una buena forma de practicar es empezar a usar ropa interior en la casa (cuando camine bien). Con la ropa interior, la niña recibe retroalimentación que no recibiría con un pañal (por ejemplo, cuando te haces en los pantalones, los pantalones se te mojan). Esta molestia (que resienten mamás, papás y bebés) no es solo un incentivo para que use sus habilidades, sino que también le da a la niña una gran cantidad de práctica relacionado con vestirse.

La transición a la ropa interior

El último empujón es darle la oportunidad de conjuntar todas las partes al hacer la transición a ropa interior de tiempo completo (excepto en las noches, por lo regular). Ahora bien, esto no significa cambiar a pañales pull-up, pues estos eliminan la necesidad de cambiarse (¡que es justo lo que queremos que haga!). La transición a la ropa interior puede parecer un paso enorme (para niñas y cuidadores), así que, para que funcione, la niña necesita tiempo de práctica y que no haya presión para que lo resuelva. Tu objetivo, por lo tanto, no es que la niña llegue al baño "a tiempo", sino preparar el entorno para que pueda llegar por su cuenta.

el espacio

Una muy buena manera de mostrarle las emocionantes oportunidades que están en el horizonte es reemplazar el "cambiador de pañales" por un "espacio para cambiarse". El espacio puede ser sencillo y suele ubicarse junto a la cómoda infantil. Puede incluir también un tapete, un espejo vertical que le permita ver el progreso y una pequeña cesta.

¿qué me pongo?

Algunas prendas[81] hacen que vestirse sea mucho más complicado de lo que debería ser. A esta edad, evita los pantalones ajustados, los mecanismos complicados (botones, cierres o broches), los cinturones y los mamelucos. Así, a la niña le será más fácil cambiarse. La inclusión de una cómoda de tamaño infantil también facilita la participación de la niña.

el inodoro

A veces, la niña querrá usar una herramienta para gente adulta en vez de una que esté hecha para su tamaño (¡quiere ser como tú!). Esto es muy común con el inodoro. Es posible quiera usarlo con un asiento entrenador y que se niegue a usar el pequeño. Cuando comience a ir al baño de forma más independiente, volverá a usar el que se le acomode mejor.

99

qué cosas limitan la capacidad higenica

La principal limitante de esta capacidad es el apoyo al éxito en vez del fomento a la independencia. Tu trabajo no es mejorar en estas tareas (eso le corresponde a la niña), y, cuando te enfocas en si la niña tuvo éxito o no, puede interpretarlo como presión y no como apoyo. En vez de ayudarle a tener éxito, tu trabajo es preparar su espacio de forma que le permita ser tan independiente como está intentando ser. Y, dada la naturaleza tan personal de cada una de las tareas de higiene, esta es una mentalidad muy importante que debes tener muy clara al apoyar a la niña con esta transferencia. Lo que sientes al respecto de estas tareas suele mezclarse con lo que la niña siente sobre su propia persona, así que debes avanzar con cuidado para brindarle apoyo en esos momentos tan personales y delicados. Veamos algunas de las limitaciones comunes de la higiene.

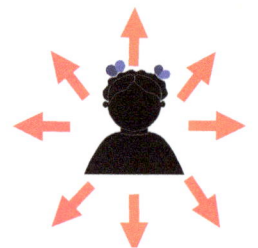

falta de oportunidad

Lo que la niña más necesita es tiempo adicional. La mejor forma de brindarle más tiempo es no haciéndolo en el momento, sino preparándote con un año de anticipación. Al incorporar las herramientas como desde los 6 meses, le estarás dando más tiempo.

ausencia de "ganas"

Los pañales desechables que se jactan de dar "12 horas de protección" en realidad le están quitando la sensación de humedad. Los pañales de tela, por su parte, no alteran esta sensación, pero necesitarás cambiarlos con frecuencia para que la niña no se acostumbre a andar con la ropa mojada.

falta de imparcialidad

Recuerda que, sin importar si son positivos o negativos, insertar los sentimientos de los cuidadores respecto a la niña y su cuerpo le impide a la niña poner atención a lo que su cuerpo dice o hace. La niña puede interpretarlo como presión para "hacerlo bien", lo que genera estrés y tensión.

la higiene y los caminadores

Aprender a ir al baño no es algo que la niña hará con éxito un día y, a partir de entonces, lo tendrá resuelto por el resto de su vida. Es más bien como un juego de "Serpientes y escaleras", en el que tendrá enormes avances un día y al otro parecerá como si estuviera empezando de cero. Y, aunque la niña puede hacer una transición exitosa a los 18 meses si posee todas las habilidades básicas de la orientación para ir al baño, esa no es la meta.

Apoya la independencia, no el éxito

Conforme la infancia temprana da paso a la niñez, aunque la niña haya tenido éxito yendo al baño, es posible que comience a resistirse a usar el inodoro (incluso desde los 10 u 11 meses). Esto puede ser confuso, sobre todo si parecía que las cosas iban muy bien. Sin embargo, es importante reconocer que no se está resistiendo al inodoro, sino a quien lo cuida. La niña está pidiendo que le permitas adueñarse del proceso (lo que significa que tienes que dar un paso al costado). Solo se volverá capaz si se lo permites (capacidad).

Que moje la ropa no es fracaso tuyo . . .

. . . y que no la moje tampoco es triunfo tuyo. Es muy fácil que te impresionen tus capacidades de crianza si la niña de 8 meses usa el baño con frecuencia. Es igual de fácil decepcionarte cuando haces la transición a la ropa interior y hay 10 pares de calzones mojados el primer día. ¡Pero no es tu cuerpo! Si actúas como si el éxito fuera tuyo (emocionándote en exceso, por ejemplo) y como si el fracaso fuera tuyo también (decepcionándote o frustrándote), la niña le dará una importancia desmedida a complacerte, en vez de enfocarse en el hecho de que su ropa está seca o mojada

Lo que dices importa

La ropa mojada es solo eso: ropa mojada. Pero solemos referirnos a ella como "accidentes". Esta palabra suele asociarse con algo negativo, indeseado o malo (como los "accidentes" en auto o pegarle a alguien "por accidente"). Esa asociación hará que la niña sienta que mojarse es algo malo (y no solo mojarse). Así que, en vez de decir *¿Tuviste un accidente?*, intenta decir *¿Se te mojó la ropa?*

resumen de la higiene

apoya

se trata de ellos, no de ti

apoya la independencia, no el éxito

da oportunidades, no instrucciones

prepara

una cómoda de tamaño infantil

pañales de tela o poco
absorbentes

herramientas funcionales

inspira

cuida (0-6 meses)

deja que participe (6-12 meses)

confía en que puede (12-18
meses)

evita

seguir haciendo lo que la niña
pueda hacer sin tu ayuda

los elogios (sobre todo al ir al
baño)

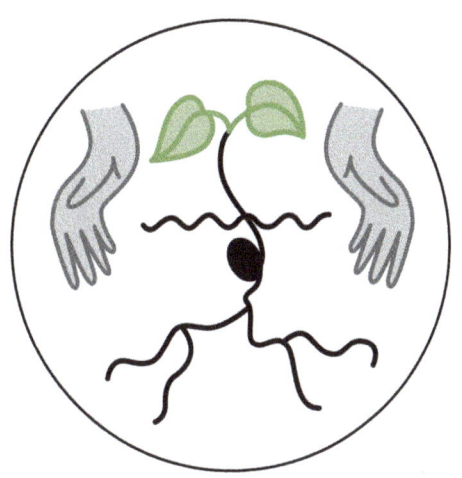

la jardinería:

el papel esencial de los cuidadores

ilustraciones de:

sophia marie pappas

introducción

¡Llegamos a la jardinería! A lo largo del libro, te he presentado algunas ideas sobre tu papel particular al proveer las condiciones esenciales para que tu niña haga crecer sus raíces. Esta sección se enfocará en uno de los pilares de este trabajo de jardinería: los lazos y el apego.

Quizás te preguntes: *¿Por qué no aparecieron estos pilares en las secciones de desarrollo o condiciones cuando es claro que son ambas cosas?* o *Ya que son tan importantes, ¿no deberían estar en el primer capítulo?* Bueno, para empezar, los lazos y el apego no son cosas que tu niña hace desde el principio (como las "raíces"), ni tampoco son cosas que se transfieran en algún punto (como las "condiciones"). Son una actividad permanente de dos personas. Pero permíteme explicarte por qué lo dejé hasta el final.

Has aprendido acerca del desarrollo de tu niña desde el nacimiento hasta los 18 meses y adquiriste nociones muy claras sobre lo que tu niña está intentando hacer en términos de desarrollo y cómo puedes ayudar. Lo que nos queda por ver es cómo eres con tu niña, la relación que tienen y el lazo que forman. Pero esta relación, si bien tiene una importancia enorme, sí evoca sentimientos muy reales y personales de nuestra parte. A veces, lo que piensas y lo que sientes con respecto a los lazos y el apego puede opacar a tu niña y a sus desarrollos importantes. Por ejemplo, es difícil ponerle límites a su tiempo con las pantallas si tu niña está gritando y pataleando, y tú solo quieres "pasar una tarde agradable". Por desgracia, esto le demuestra a tu niña de forma inconsciente que gritar y patalear funciona, por lo que debería seguir comunicándose así. También puede ser complicado apreciar la creciente capacidad de tu niña si te enfocas solo en la separación de ti y no en los emocionantes apegos que está formando. Cualquiera de estos ejemplos puede

complicar la disposición a aprender, tanto en la casa como en la escuela, lo que tendrá un impacto negativo en los lazos y apegos que forme contigo y otras personas adultas en su vida. Así que, aunque quieras que tu amor y afecto por tu niña sean real y tangible, no debe serlo a costa de sus otros propósitos.

Piensa en los "aportes" al desarrollo de tu niña (movimiento, lenguaje, comida, lazos, etc.) como los distintos miembros de una banda musical. Los lazos no son el vocalista; son el bajo: confiable y palpable al fondo de lo demás que está ocurriendo. Casi te olvidas de que está ahí, hasta que dejas de escucharlo y te das cuenta de lo mucho que estaba aportando. Por eso, aunque le des amor incondicional a tu niña, debes hacerlo en el contexto de su desarrollo (y por eso este capítulo viene al final). Veamos ahora por qué existe la creación de lazos.

¿Por qué es importante formar lazos?

En el fondo, los lazos y el apego son mecanismos de supervivencia[82] para compensar el hecho de que los humanos estamos bastante subdesarrollados. Al crear un lazo con alguien que le ayude a satisfacer sus necesidades, el recién nacido recibe el tiempo necesario para desarrollar la capacidad de satisfacerlas por sí mismo. Pero este "lazo" es más que un *sentimiento* de que sus necesidades están siendo atendidas; es la sensación de seguridad de que sus necesidades *van* a ser atendidas. Esta importante diferencia fue la que llevó a la doctora Montessori a describir los primeros meses de formación de lazos como "la primera confianza básica."[83] Esta es la confianza que desarrolla tu niña con su entorno para satisfacer sus necesidades básicas, y se construye casi por completo durante los primeros meses. Para entender cuán importante es esta confianza en su vida, imagina a tu

niña en su primer día de escuela, en un nuevo trabajo, durante una mudanza importante o experimentando una pérdida u otro tipo de ajuste. Alguien que tiene esta confianza básica es una persona que, a pesar de sentirse perdida e incierta, encontrará personas que la ayuden. Cuando una niña no cuenta con personas adultas responsables en sus primeros meses de vida, es posible que tenga problemas para desarrollar esta agencia,[84] o confianza propia. No sabrá a ciencia cierta si puede sobrevivir o a quién pedirle ayuda, y puede llegar a creer —en el fondo— que esas personas no existen. Tiene el potencial de ser la lente a través de la cual tu niña verá el mundo.[85] Veamos entonces cómo podemos preparar el espacio donde se desarrollarán estas habilidades básicas.

preparar el espacio para formar lazos

Los lazos y apegos se construyen a través de la receptividad diaria y constante de los cuidadores al momento de satisfacer las necesidades de tu niña. Claro está que el trabajo de forjar lazos con tu niña nunca se termina; es solo que los primeros meses son de una importancia particular para establecer dichos lazos. Es importante recalcar que esta receptividad no se forja en un día (ni tampoco se destruye en un día). Este lazo *crece* con el tiempo. El enfoque no debe estar en cuánto amor hay desde el primer día, sino en la receptividad a sus necesidades. Suena bastante sencillo, ¿no? Pero . . .

Imagina que te pido que te amarres la agujeta (parece sencillo), pero tienes que hacerlo mientras estás en una montaña rusa (no tan sencillo).

Si bien la receptividad es esencial para la formación de la confianza básica, debemos recordar cuándo se forma la mayor parte de esta confianza: en los primeros meses después del nacimiento. Es un período en el que las madres y los padres tienen que estar más atentos que nunca (para atender las necesidades de tu niña 24/7), y cuando tu niña estará sintiendo más cosas (en lo físico, emocional y mental). Siempre que algo sea difícil para padres y madres, y crítico para tu niña, se vuelve una señal de alerta que indica que se requiere apoyo. Por ende, el mejor camino a seguir para beneficiar a tu niña va más allá de la receptividad; consiste en crear un entorno de apoyo para la adulta que le permita responder como le gustaría hacerlo. Y mi receta posparto para esto es algo que me gusta llamar R.E.S.T. (que significa en inglés, descanso) . . .

Receptividad

Sabemos que satisfacer las necesidades de tu niña es importante, pero con frecuencia no sabemos bien a bien cuáles son (a veces piensas que tiene hambre cuando en realidad tiene sueño). Formar lazos se trata de *responder* a tu niña, no de acertar siempre. ¡Sigue intentándolo! Con el tiempo aprenderás qué es lo que tu niña te está diciendo y podrás satisfacer sus necesidades con más precisión.

Entorno

El crecimiento de tu niña depende en gran medida de las experiencias que tenga. ¡Su entorno importa! Al preparar el espacio para que *tú* tengas éxito, también habrás hecho tiempo para responder a las necesidades de tu niña. Un ejemplo de esto sería conseguir todas las provisiones necesarias (agua, tentempiés, etc.) antes de sentarte a darle de comer, o preparar su espacio de juego antes de que lo necesite para que esté listo en cuanto surja un nuevo desarrollo.

Sustento

Dadas las muchas necesidades de un recién nacido, puede ser útil que las personas que se hacen cargo de su niña tengan a alguien que ayude a hacerse cargo de ellas también. Dile "sí" a la ayuda y obtén el apoyo y sustento que necesitas para reducir el estrés y la soledad. Tu niña no necesita un mártir; te necesita a *ti*. Muéstrales a las visitas esta página como recordatorio de que te ayuden con las comidas, a lavar la ropa, los platos, etc. Lo que sea que te ayude a ti, le ayudará a tu niña.

Tacto

El tacto (en particular de piel con piel) provoca la liberación de la hormona de la formación de lazos, la oxitocina,[86] tanto en los cuidadores como en su niña (lo que hace que se sientan bien y conectados). Además, el contacto físico ayuda a formar lazos porque le comunica a tu niña que no tiene que ir muy lejos para encontrar ayuda. El impacto del tacto para crear lazos es especialmente notable durante el parto. La reconexión física (inmediatamente después del parto, si es posible) le da a tu niña la oportunidad de reconectar con alguien familiar.

las primeras 6 semanas

Espero que para este punto haya quedado claro que para poder ofrecerle a tu niña la receptividad necesaria para establecer la confianza básica, las personas a su cargo necesitan nuestro apoyo. Sobre todo durante el período de 6–8 semanas después del parto, dados los múltiples retos que se presentan, en particular para la persona gestante.[87] Están la falta de sueño, el dolor físico y el péndulo de hormonas. Sin embargo, el mayor de los retos para cualquier madre o padre (haya dado a luz o no) es la sorprendente y profunda inseguridad de no estar haciendo lo que se supone que debe hacer para quedar "bien".

Una pregunta (o duda) persistente puede marcar este período: *¿En verdad puedo hacer esto?* Si bien esta duda nos perturba como mamás y papás, puede ser un canal de conexión con tu niña. Verás, *tu* pregunta es la misma que la de *tu niña*.

Tu niña quiere saber si su entorno (tú) puede satisfacer sus necesidades, así como tú estás preguntándote si podrás hacerlo. Tu niña no es la única persona que está desarrollando esta confianza básica; tú estás construyendo confianza en ti. He observado que estas dos confianzas se construyen al mismo tiempo mediante el sencillo acto de responderle a tu niña. Cada vez que respondes, tu niña aprende que puede confiar en que su entorno satisfará sus necesidades; y tú aprendes que eres capaz de hacerlo (porque ya estás haciéndolo). Aunque la doctora Montessori no desarrolló la idea de "la confianza básica de los padres", sí describió un nivel de conexión entre los cuidadores y su niña en las 6–8 semanas posteriores al parto, al que llamó el "período simbiótico."[88]

el período simbiótico

 La doctora Montessori observó una "simbiosis" casi literal entre la madre lactante y su bebé durante las 6 a 8 semanas posteriores al parto que se convirtió en la pauta para su comprensión de la importancia de estos primeros meses en la formación de lazos. Esta idea de una relación simbiótica puede ayudar a las personas a cargo del recién nacido a reforzar la creación de lazos durante momentos sumamente personales como la lactancia. Si estás amamantando, sabrás que es un momento de auténtica reconexión tras la separación del parto. Si estás alimentando a tu niña con biberón, puede ser buen momento para impulsar la alimentación por medio del contacto piel con piel, y así reforzar la oportunidad de crear lazos. Y, aunque las ideas de la doctora Montessori con respecto al período simbiótico se centran en las primeras 6 a 8 semanas tras el parto, la idea de la simbiosis me resulta tan profunda que comencé a verla como una "experiencia especular" que se extiende mucho más allá de estos primeros meses.

Experiencias especulares

Cuando tu niña vive algo, la persona que se relaciona con ella o con él vivirá lo mismo a su manera (por ejemplo, si el parto fue largo para ti, habrá sido igualmente largo para tu niña; si estás cansada porque estuviste despierta con tu niña toda la noche, tu niña sentirá el mismo cansancio por la misma razón). Esta idea de las "experiencias especulares", sin embargo, no está pensada solo en aras de desarrollar una dosis saludable de empatía (aunque eso siempre es deseable); esta idea nos brinda una mirada muy particular al desarrollo de tu niña. Verás, al ver tus experiencias y las de tu niña como espejos, entenderás su desarrollo de mejor manera tan solo examinando lo que tú sientes al respecto. Así que, si las cosas se vuelven difíciles para ti, es probable que sea porque algo grande acaba de ocurrirle a tu niña. Asimismo, ya que los cambios en el desarrollo de la niña son más o menos predecibles, podemos adelantarnos un paso y prever los momentos que serán más difíciles para los cuidadores. Los cronogramas del desarrollo son una hoja de ruta que te ayudará a saber cuándo necesitarás apoyo tú. Recuerda que formar lazos es mucho más sencillo cuando los cuidadores reciben apoyo suficiente y cuentan con el ancho de banda necesario para responderle a su niña. Saber cuándo vendrán los períodos difíciles te permitirá asegurar la presencia de ese apoyo con anticipación.

los cuatro "planos" del desarrollo

Los humanos nos desarrollamos en etapas particulares (o "planos", como les llamaba la doctora Montessori), desde el nacimiento hasta por ahí de los 24 años (cuando una persona es "madura" en términos de su desarrollo). Este período "del nacimiento a la madurez" puede dividirse en los siguientes cuatro planos[89]: la infancia temprana (del nacimiento a los 6 años), la niñez (de 6 a 12 años), la adolescencia (de 12 a 18 años) y la madurez (de 18 a 24 años). El gran punto de transición durante este lapso de 24 años es, por supuesto, la pubertad. La pubertad marca la transición del desarrollo de la niñez (del nacimiento a los 12 años) al desarrollo de la adultez (de 12 a 24 años). Y, aunque esto debería resultarnos bastante familiar si nos fijamos en nuestra propia vida, la doctora Montessori articuló un punto esencial para entender cómo transcurre el desarrollo: un patrón idéntico en cada bloque de 12 años.[90]

Infancia		Niñez	Adolescencia		Madurez
0 a 3 *años*	3 a 6 *años*	6 a 12 *años*	12 a 15 *años*	15 a 18 *años*	18 a 24 *años*
Desarrollo infantil			*Desarrollo adulto*		
Desarrollo	Refinamiento	Crecimiento	Desarrollo	Refinamiento	Crecimiento

Cada segmento de 12 años comienza con un período de desarrollo acelerado (del nacimiento a los 3 años, y de 12 a 15 años). A estos períodos de desarrollo acelerado les sigue un período de lo que la doctora Montessori llamaba "refinamiento", en los que la persona no está desarrollando tantas cosas nuevas, sino que se está ajustando a lo que ya ha desarrollado y lo refina. Por ejemplo, durante los primeros 3 años, una persona desarrolla a gran velocidad la habilidad de hablar y de caminar, pero luego comienza a regular esas acciones y palabras durante los siguientes 3 años (3 a 6). Esto se presenta también en el período de la adolescencia, pues, aunque la mayor parte de los cambios de la pubertad ocurren en los primeros 3 años después de que esta da inicio (12 a 15 años, por lo general), hay tres años adicionales (15 a 18) que aún son parte del desarrollo de la pubertad, solo que es un desarrollo más refinado. La última parte es un período de crecimiento relativamente estable: en términos de desarrollo, entre 6 y 12 años, la persona solo crece y cambia los dientes de leche por los dientes definitivos. El período de 18 a 24 años también es de crecimiento evolutivo constante y estable. Además, encontré este patrón en los primeros tres años . . .

desarrollo, refinamiento, crecimiento

Durante el primer trimestre del embarazo, el embrión está construyendo los órganos y sistemas del feto en el que se convertirá: manos, pies, pulmones, corazón, etc. (desarrollo acelerado). Durante el segundo trimestre, el feto "afina" ese desarrollo al poner esos sistemas en uso y perfecciona su formación (refinamiento). El último trimestre es un período en el que el feto sube de peso en preparación para su nacimiento (crecimiento). Este patrón me resultó tan notable que extendí mi búsqueda a la siguiente etapa del desarrollo: el "embarazo externo"[91]

"Embarazo externo"

La doctora Montessori teorizó que el nacimiento tiene un período de dependencia de aproximadamente 9 meses durante y después del embarazo (un embarazo *interno* y un subsecuente embarazo *externo*), en el cual la adulta carga a su niña y satisface casi todas sus necesidades. La culminación de este "embarazo externo" llega alrededor de los 9 meses, cuando su niña comienza a gatear. Gatear representa un importante momento de éxodo similar a un "segundo nacimiento" en el que tu niña puede moverse por su cuenta y comienza a satisfacer muchas de sus necesidades (autoalimentarse, sueño independiente, orientación para usar el baño, etc.). Al ver estos 9 meses posteriores al parto como un "embarazo" con trimestres propios, encontré el mismo patrón: *desarrollo, refinamiento, crecimiento.* Los primeros 3 meses después del parto conforman un período de desarrollo acelerado (de la vista, las primeras confianzas básicas, ritmos circadianos, etc.). Los siguientes 3 meses (3 a 6 meses) se tratan de "pulir" lo que se desarrolló antes (la vista se refina para procesar colores y la percepción de la profundidad, el sueño madura, etc.). Y los últimos 3 meses antes del gateo (más o menos entre 6 y 9 meses) marcan un período de crecimiento relativamente estable. Y, aunque la teoría del "embarazo externo" abarca solo 9 meses, la idea de un "segundo nacimiento" me parecía abrir la puerta a un otro ciclo más de desarrollo, refinamiento y crecimiento. Los 3 meses después de gatear (entre 9 y 12, más o menos) están marcados por el desarrollo acelerado. El período entre 12 y 15 meses suele tratarse del refinamiento: la motricidad temprana se convierte en la capacidad de caminar, y las habilidades lingüísticas tempranas se traducen en habla. Y, entre 15 y 18 meses, tu niña vuelve al crecimiento estable antes de entrar al siguiente período de desarrollo acelerado (a los 18 meses).

la tabla de jardinería

Embarazo			0 a 9 meses (embarazo externo)		
0 a 3 *meses*	3 a 6 *meses*	6 a 9 *meses*	0 a 3 *meses*	3 a 6 *meses*	6 a 9 *meses*
Concepción			**Nacimiento**		
Desarrollo	Refinamiento	Crecimiento	Desarrollo	Refinamiento	Crecimiento
Desarrollo del cuerpo	Refinar el cuerpo	Crecimiento del cuerpo	Desarrollo de la confianza básica en el entorno para satisfacer sus necesidades	Refinamiento del sueño, los sentidos, la digestión y el movimiento	Uso de la capacidad: autoalimentación, sueño independiente, orientación para usar el baño
Nivel de dificultad para todos			**DIFÍCIL**	**MÁS FÁCIL**	**EL MÁS FÁCIL**
Enfoque básico de los cuidadores y las niñas			**APOYA**	**ACTUA**	**CONFIA**

Los primeros trimestres

Los primeros trimestres son períodos en los que la niña se desarrolla a gran velocidad. Esto significa que también es un período de muchos ajustes para las personas adultas (¡los cuidadores también experimentan un enorme crecimiento personal en esta etapa!). Esto hace que sea un período difícil. Recuerda que todas las partes involucradas se están esforzando mucho en esta etapa (en especial la niña). Por lo tanto, el apoyo es esencial en estos primeros trimestres. Planéalo, pídelo, acéptalo y dalo sin tapujos. Puedes usar estos "períodos rojos" para reconocer por qué sientes desgaste y buscar apoyo de forma activa

Los segundos trimestres

Los segundos trimestres son períodos en los que la niña está afinando sus desarrollos recientes. Esto significa que hay muchas oportunidades de utilizar el entorno para maximizar los logros de la niña. Estas tienden a ser etapas en las que los cuidadores enfrentan menos retos en relación con el trimestre anterior, pero aún no están "fuera de peligro". Preparar el entorno de forma activa para aprovechar estos momentos es el elemento esencial. Esto implica dar oportunidades y quitar obstáculos para fomentar la independencia de la niña.

9 a 18 meses			18 a 36 meses	3 a 6 años	6 a 12 años
9 a 12 *meses*	12 a 15 *meses*	15 a 18 *meses*	18 a 36 *meses*	3 a 6 *años*	6 a 12 *años*
Movilidad			**"¡Yo!"**		
Desarrollo	Refinamiento	Crecimiento	Desarrollo	Refinamiento	Crecimiento
Desarrollo de la confianza básica en sí misma para satisfacer sus necesidades	Refinamiento del movimiento (caminar), lenguaje (habla), orientación con la ropa interior	Uso de las capacidades: movimientos autónomos, lenguaje, independencia para ir al baño	Desarrollo de la responsabilidad personal y capacidad de autocuidado	Refinamiento del movimiento y el lenguaje con autorregulación y alfabetización	Uso de habilidades previamente construidas para el pensamiento independiente
DIFÍCIL	MÁS FÁCIL	EL MÁS FÁCIL	DIFÍCIL	MÁS FÁCIL	EL MÁS FÁCIL
APOYA	ACTUA	CONFIA	APOYA	ACTUA	CONFIA

Los terceros trimestres

Los terceros trimestres son períodos en los que la niña utiliza las habilidades que desarrolló durante los dos trimestres anteriores. Esto significa que existe una "liberación" de parte de las personas adultas, quienes le permiten a su niña hacerse cargo de aquello que se esforzó tanto por construir. En consecuencia, la confianza es el elemento esencial durante estos terceros trimestres: confianza en la niña y en ti. Estas etapas tienden a ser las más sencillas para los cuidadores, aunque es importante hacer una aclaración: el siguiente ciclo de madurez no comienza con la edad marcada en la tabla (léela de nuevo), sino que comienza con uno de los cuatro sucesos[92] que dan pie a un período de desarrollo acelerado: concepción, nacimiento, movilidad y "yo". Es importante tenerlo en cuenta porque estos desarrollos no siempre están calculados a la perfección. Los terceros trimestres, por desgracia, corren el riesgo de terminarse antes de tiempo con la llegada de un nuevo período de desarrollo acelerado. Esto puede tener un impacto considerable en la experiencia de los cuidadores. Si, por ejemplo, la niña nace de forma prematura o empieza a gatear a los 6 meses (en vez de a los 9), tendrás un poco menos de tiempo para respirar entre grandes saltos en el desarrollo. Además, los terceros trimestres que llegan antes de tiempo pueden prolongar el período en vez de adelantar todo el cronograma.

usar la tabla de jardinería

La Tabla de Jardinería está pensada como una plantilla que te permita crear tu propia hoja de ruta basada en el desarrollo de tu niña. Al ajustar estas ideas a lo que tienes frente a ti, aprenderás a reconocer los momentos en que necesitas más apoyo, aprovecharás las oportunidades de aprendizaje

SOLINA

APOYO · ACTO · CONFIANZA

Parto de 4 días (100 horas)

NACIMIENTO · 3 · 6

Después de cuatro días de trabajo de parto, estaba exhausta. Tuve problemas a lo largo de todo ese período. Solina odiaba que la envolviera, pero le encantaba que la abrazara y la meciera.

Me sentí mucho mejor entre 3 y 6 meses, y Solina aprendió muchísimo: a dormir, a rodar y a tomar cosas. Le encantaba el movimiento y por fin pudo rodar para quedarse dormida por su cuenta.

HARUMOTO

APOYO · ACTO · APOYO

NACIMIENTO · 3 · 6

Parto de 12 horas

Los primeros 3 meses fueron agotadores, pero ni de cerca tan difíciles como la primera vez. ¡Qué diferencia hace el tiempo de trabajo de parto en la travesía posparto!

Harumoto se sentó a los 4 ½ meses. El movimiento no lo tranquilizaba del todo, por lo que sus nuevas habilidades motrices afectaron sus patrones de sueño e hicieron que esta etapa fuera agotadora.

Que gateara a los 6 meses no solo le afectó el sueño, sino que también implicó que no hubiera respiro entre los primeros 6 meses y el gatear. Yo estaba exhausta.

durante el refinamiento y darás un paso al costado en los momentos en que tu niña se prepare para despegar. Para ilustrar este argumento, veamos el ejemplo de mis dos niñes y sus líneas de desarrollo, así como lo que la Tabla de Jardinería me enseñó sobre el apoyo, la oportunidad y la confianza.

APOYO 9 **ACTO** 12 **CONFIANZA** 15 ¡yo! 18

¡Qué regalo fueron estos meses de sentarse, pero sin gatear todavía! Entre el juego independiente, autoalimentarse y usar el baño, los 6 a 9 meses fueron una etapa de crecimiento enorme.

Solina sufrió una intensa ansiedad de separación en cuanto comenzó a gatear, y le duró meses. Junto con la dentición frecuente, esto hizo que el período entre 9 y 12 meses fuera una etapa difícil.

La ansiedad de separación desapareció por completo casi en el instante en el que Solina empezó a caminar, usar nuevas palabras, usar ropa interior e incluso se destetó sola entre 12 y 15 meses.

¡El período entre 15 y 18 meses fue como un bien merecido descanso antes de la niñez! Solina dijo: "¡yo!", a los 17 meses.

Y CONFIANZA 9 **ACTO** 12 **CONFIANZA** 15 ¡yo! 18

Las alteraciones del sueño continuaron cuando comenzó a caminar, a los 10 ½ meses, aunque era muy bueno para alimentarse de forma independiente y se destetó de forma abrupta a los 11 meses.

¡Por fin las cosas se volvieron un poco más sencillas! El sueño se regularizó y empezó a usar ropa interior. Mojaba bastante la ropa, pero pasó cambiándose; hizo que se volviera experto para vestirse solo.

Era fácil desanimarme con sus idas al baño porque mojaba mucho la ropa, pero lo que sí hacía era cambiarse sin ayuda. Fue un período importante para confiar en que él podía lograr las cosas solo (¡y lo hizo!)

resumen de jardinería

apoya

estar presente

responder

seguir hablando

prepara

planea antes de tiempo

planea el apoyo

prevé las etapas difíciles

inspira

respuesta y tacto (0-6 meses)

apoyo la independencia (6-12 meses)

crece con tu niña (12-18 meses)

evita

chupones durante el día

horarios impuestos por adultos

desanimarte

el cuadro completo:

conjuntarlo todo: del nacimiento a los 18 meses

ilustraciones de:

alisha nicole brumfield   tracy nishimura bishop   brenda brambila

"El niño no es un ser que nos debe todo lo que puede hacer, como si fuese un recipiente vacío que debemos llenar. No, es el niño quien forma al hombre, y no hay hombre que no haya sido hecho por el niño que alguna vez fue."

— María Montessori, La mente absorbente [93]

Ilustraciones del cuadro completo de:

alisha nicole brumfield *(0-6 meses)* tracy nishimura bishop *(6-12 meses)* brenda brambila *(12-18 meses)*

conclusión

Te doy la bienvenida a los cuadros completos—¡lo lograste! Todo está preparado para conjuntar estas ideas en una hoja de ruta que sirva de apoyo no solo para tu niña, sino también para ti durante los esenciales primeros 18 meses de vida. Y, si llegaste aquí porque te adelantaste en el libro, regresa. Créeme: comienza desde el principio, y me alegrará verte de nuevo una vez que pases por los capítulos anteriores. Ahora que estamos aquí, quiero dejarte algunas reflexiones finales antes de que emprendas la aventura de la crianza. La infancia temprana se trata de confiar en el proceso. No verás los frutos de tu esfuerzo—ni del de tu niña—hasta como mínimo la niñez (¡y tal vez mucho después!). Procura que el desarrollo de tu niña sea el eje de tus cuestionamientos y apóyate en tus propias observaciones para hacer ajustes conforme vaya creciendo. Te vas a equivocar. Y vas a acertar. Es difícil, pero también lo vas a superar. Tengo la esperanza de que, en el camino, encontrarás una comunidad y maneras de brindarle a tu niña el tiempo y el espacio necesarios para crecer como es debido.

Los cuadros completos

En los siguientes cronogramas verás algunas ideas representadas y programadas. Primero encontrarás un encabezado arriba de cada cuadro con los ciclos de maduración de la "Tabla de jardinería": desarrollo (períodos difíciles, señalados en rojo), refinamiento (períodos más sencillos, señalados en amarillo), crecimiento (los períodos fáciles, señalados en verde).

En la parte inferior del cuadro, encontrarás otro recuadro que muestra la progresión de la "transferencia" de cada condición de las personas adultas a sus niñas:

LA ADULTA SATISFACE LAS NECESIDADES DE LA NIÑA	LA ADULTA Y LA NIÑA SATISFACE SUS NECESIDADES	LA NIÑA SATISFACE SUS PROPIAS NECESIDADES

Además, junto a cada ilustración hay un número para que consultes la página correspondiente y encuentres más ideas específicas sobre ese desarrollo o recomendación particular. ¿De acuerdo? Veamos los cuadros completos.

DESAROLLO / ESTO ES DIFÍCIL
"la primera confianza básica" P. 105

un tiempo para apoyar

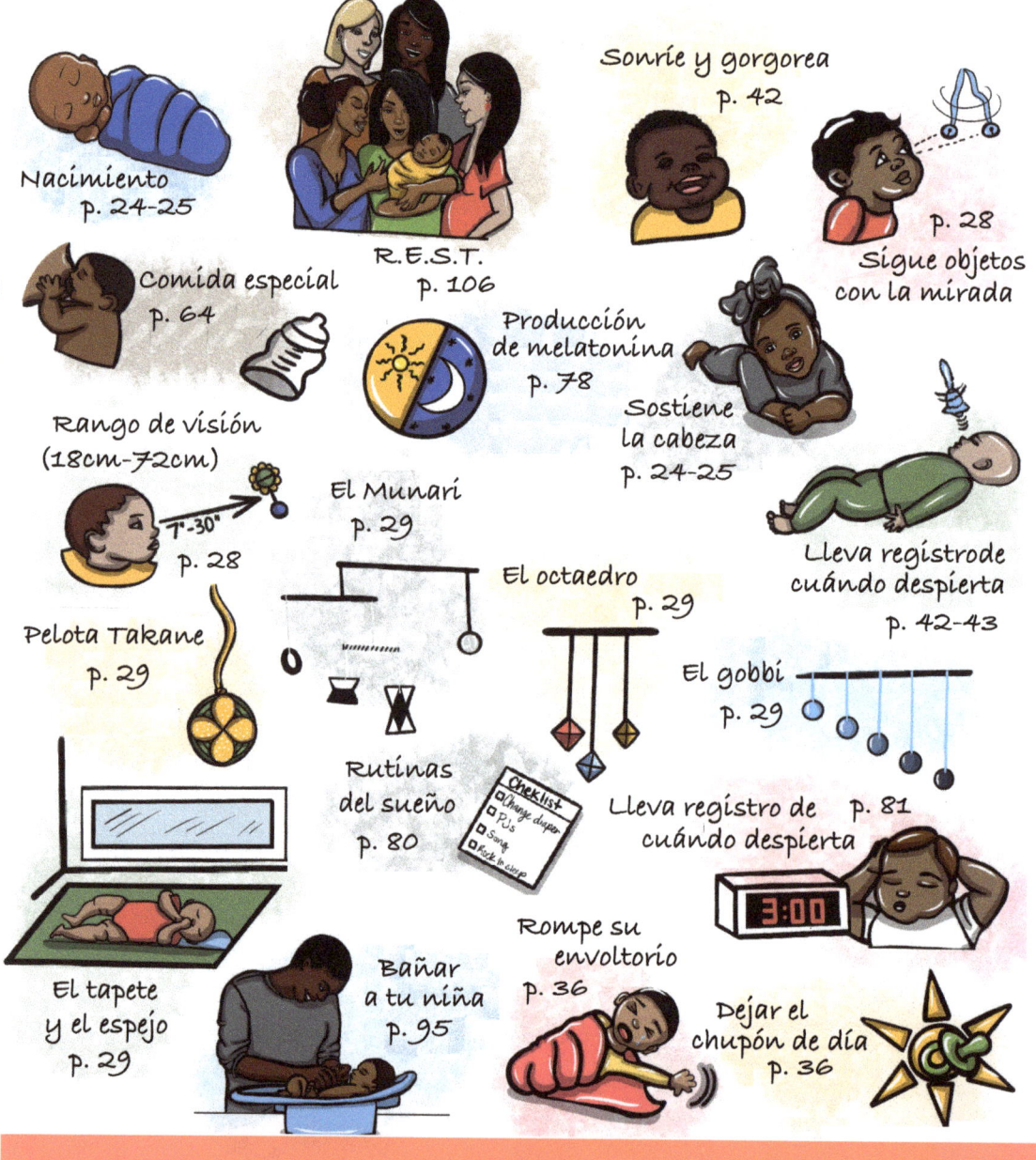

Nacimiento
p. 24-25

R.E.S.T.
p. 106

Sonríe y gorgorea
p. 42

p. 28
Sigue objetos
con la mirada

Comida especial
p. 64

Producción
de melatonina
p. 78

Sostiene
la cabeza
p. 24-25

Rango de visión
(18cm-72cm)

7"-30"

p. 28

El Munari
p. 29

Lleva registrode
cuándo despierta
p. 42-43

Pelota Takane
p. 29

El octaedro
p. 29

El gobbi
p. 29   P. 81

Rutinas
del sueño
p. 80

Cheklist

Lleva registro de
cuándo despierta

3:00

El tapete
y el espejo
p. 29

Bañar
a tu niña
p. 95

Rompe su
envoltorio
p. 36

Dejar el
chupón de día
p. 36

LA ADULTA SATISFACE

REFINAMIENTO / ESTO ES MÁS FÁCIL

un tiempo para hacer

Comienza la prensión
p. 24-25

Rueda
p. 24-25

Reflejo de extrusión
se desvanece
p. 60

Maduración de la
percepción de la
profundidad y el color
p. 28

Juego independiente
p. 28

Mordedores p. 29

Maduración
del sueño
p. 79

Cucharadas de
jugos naturales
p. 65

Toma juguetes
p. 29

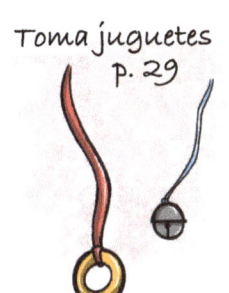

Regularidad en cómo
y dónde duerme
p. 82

3-5 siestas durante el día
p. 85

LAS NECESIDADES DE LA NIÑA

los cuadros

CRECIMIENTO / ESTO ES EL MÁS FÁCIL

un tiempo para confiar

Se sienta
p. 24-25

Balbuceo canónico
p. 42-43

Prensión con la
mano completa   p. 24-25

Oposición pulgar/dedos
p. 24-25

Incisivos centrales
p. 60-61

madurez
digestiva
p. 60-61

Comienza a
entender/responder
p. 42-43

¡Samuel!

Sabe su nombre
p. 42-43

2-3 siestas
p. 85

Cuchara y mantel
p. 67

P. 96
herramientas para
el aseo

Incisivos centrales
p. 60-61

Bacinilla
p. 96

Estante bajo y abierto
p. 31

mordedores
p. 30

plato y vaso
p. 67

LA ADULTA Y LA NIÑA SATISFACE

DESAROLLO / ESTO ES DIFÍCIL

"la segunda confianza básica" P. 105

un tiempo para apoyar

Gatea
p. 24-25

Pinzas con
los dedos
p. 24-25

Se para
p. 24-25

Camina
tomando
objetos
p. 24-25

Aplaude
p. 24-25

Señala
p. 24-25

BALAMADA

Balbuceo
variado
p. 42-43

aumento de la comprensión
p. 42-43

¡pelota!

Incisivos laterales
p. 60-61

2 siestas
p. 85

Permanencia
de objetos
p. 31

Ansiedad
de separación
p. 32

Comida familiar
p. 67

Interrupciones
del sueño
p. 84

Cómoda de su
tamaño
p.92

tenedor y tazón
p. 67

juguetes
con secuencia
p. 31

Cambio de
pañal de pie
P. 97

SUS NECESIDADES

los cuadros

REFINAMIENTO / ESTO ES MÁS FÁCIL

Período sensible al orden p. 32

un tiempo para hacer

Mano como herramienta
de la mente
p. 91

Camina
p. 25

transición a
1 siesta
p. 85

Mesa y silla
p. 33

¡Pelota!

nombra la
experiencia
p. 51

primeros molares
y caninos
p. 61

plátano

Primera palabra
p. 50

Carretilla
para empujar
p. 33

vocabulario
esencial
p. 51

Sobreextensión

p. 33
Rastreador
de pelotas

Deja que
camine
p. 37

p. 33
Juguetes
para apilar

Ropa interior
p. 98

p. 99
Un espacio para
cambiarse

Guardar sus cosas
p. 32

LA NIÑA SATISFACE SUS

CRECIMIENTO / ESTO ES EL MÁS FÁCIL

Período sensible al orden p. 32

un tiempo para confiar

los cuadros

Vida práctica p. 33

Untar mermelada

pelar un huevo

preparación de alimentos p. 69

pelar una naranja

Cortar pepino

¡Yo sola!

Delantal infantil p. 69

Caja con contenedores p. 33

Contribuir a la familia p. 69

Incremento en la autonomía

El baño para grandes p. 99

Autocuidado p. 92

Elegir su comida p. 72

Ayuda a la hora de dormir p. 87

Máximo esfuerzo p. 62

PROPIAS NECESIDADES

sobre las ilustraciones

Mariana Bissonnette (ella) es educadora Montessori de AMI 0–6 y madre de dos hijos. Las ilustraciones de Babies Build Toddlers cumplen varias funciones para darle vida a este libro. Estas ilustraciones no solo ayudan a visualizar el desarrollo infantil para los lectores privados de sueño, sino que provienen intencionadamente de más de una perspectiva.

Mariana nació y creció en el área de la Bahía de San Francisco y creció en una familia con fuertes raíces en el país natal de su abuela, Venezuela. Esto proporcionó un ambiente hogareño con múltiples perspectivas, idiomas, culturas y enfoques. Con estos antecedentes, y al ser una autora blanca, para Mariana era importante que las niñas y su desarrollo no estuvieran ilustrados por una sola persona. *La Obra de la Infancia*, por lo tanto, cuenta con un talentoso equipo de ilustradores para que una variedad de estilos, fondos y perspectivas ilustrativos visualicen este importante desarrollo en la infancia. La esperanza de Mariana es que los lectores observen el mismo desarrollo a través de una nueva lente en cada capítulo para validar que no existe una sola manera de apoyar el desarrollo.

Alisha Nicole Brumfield *(Comer, El cuadro completo)*

Lisha Nicole (ella) es una pintora acrílica e ilustradora digital autodidacta que actualmente reside en Houston, TX. Se enamoró del arte desde temprana edad y su arte siempre se ha inspirado en personas hermosas y audaces y su vitalidad que brilla desde dentro. Lisha ha participado en exposiciones y eventos de arte y actualmente su trabajo representa la vida, el amor, la cultura y la diversidad.

Brenda Brambila *(La planta, La higiene, El cuadro completo)*

Brenda Citlali Brambila Flores (ella) es una ilustradora autodidacta y nativa de México que se crió en Chicago siendo indocumentada durante 15 años. Su activismo y trabajo han mantenido la lucha de los indocumentados en el centro. Siempre ha tenido interés en las artes y la ilustración, pero debido a que era indocumentada, no pudo dedicarse académicamente hasta que aprendió por sí misma a crear arte digital.

Esma Bošnjaković *(La planta, El lenguaje)*

Esma (ella) es una ilustradora que vive en Viena. Comenzó a hacer arte como pasatiempo y desde entonces ha cambiado su vida de la mejor manera posible. A Esma le encanta crear ilustraciones que contrarresten los estereotipos y retraten a las mujeres musulmanas tal como son en realidad: sorprendentemente comunes y corrientes.

Samantha Morales-Johnson *(El movimiento)*

Samantha Morales-Johnson (ella) es nativa del sur de California y miembro activo de su tribu, la Banda de Indios de la Misión Gabreleno/Tongva. Samantha es ilustradora científica y cree firmemente en la importancia de los libros ilustrados más allá de la infancia. ¡También le gusta enseñar a las niñas (especialmente a nadar)!

Sophia Marie Pappas *(Agradecimientos, Introducción, El jardinero)*

Sophia (ella) es una ilustradora que vive en Pittsburgh y crea trabajos para revistas, publicaciones infantiles y tarjetas de felicitación. Ha tenido el placer de trabajar con las oficinas de Google en San Francisco, F&W Media, Attic Studio Publishing, NPR y American Greetings. Su trabajo está inspirado en su amor por el grabado y observar a la gente.

Tracy Nishimura Bishop *(La planta, El sueño, El cuadro completo)*

Tracy Nishimura Bishop (ella) es una ilustradora que vive en el área de la Bahía de San Francisco y ha ilustrado más de 20 libros ilustrados y con capítulos. Creció en una base del ejército estadounidense en Japón y descubrió su amor por el dibujo a través del manga y el anime. También le encanta coleccionar bolígrafos, leer y pasear con su perro.

Chie Ushio *(La portada y la página de título)*

Chie Ushio (ella) nació y creció en Tokio, Japón. Se graduó en la Escuela de Artes Visuales de Nueva York en 2004 y trabajó como diseñadora en Penguin Random House durante 11 años. Actualmente trabaja como consultora de diseño para varios clientes. Le encantan los perros, la costura y el buen sushi.

Una nota sobre el lenguaje

La Dra. María Montessori (1870-1952) fue una ferviente defensora de los derechos y la igualdad de la mujer. A pesar de superar los obstáculos que enfrentó como aspirante a científica y médica (entre sus posteriores actividades en educación), su lenguaje escrito continúa reforzando las referencias patriarcales al niño como "él", como si este lenguaje centrado en lo masculino realmente abarcara a todos. Además, estos términos han excluido histórica y sistemáticamente a las mujeres, los afrodescendientes, los indígenas y los pueblos de la mayoría global de este "pueblo" generalizado que debemos extrapolar de este lenguaje centrado en los hombres. Por esta razón, en este libro cambié "al niño" por "la niña". Sin embargo, decidí dejar las citas de la Dra. Montessori en su forma original para que podamos seguir notando y nombrando el lenguaje sexista y racista en nuestros libros de referencia, reconocer el daño que causan y, en términos más generales, trabajar activamente para cambiar nuestros sistemas y políticas hacia una verdadera equidad eliminando los obstáculos creados artificialmente que privilegian a algunos a costa de otros.

Referencias y lecturas adicionales

Introducción

1   En *La mente absorbente*, la doctora Montessori se refiere a los "ayudantes en el hogar", y dedica una nota al pie a los cursos especiales de formación para estos "ayudantes" (Assistenti infanzia Montessori) que imparte la Sociedad Montessori de Roma.

2   **Conceptos raciales y uso de mayúsculas:** En inglés hay un debate sustancial en torno a si los conceptos que se usan para hacer referencias raciales deben ir con mayúscula inicial o no. Aunque la versión en inglés de este libro hace particular énfasis en usar mayúscula inicial para referirse a personas afrodescendiente, indígenas y de la mayoría mundial (pero no para referirse a personas blancas), en la versión traducida al español no se utilizan mayúsculas iniciales.

3   **Gente de la mayoría mundial:** Escuché este término por primera vez en el Encuentro Montessori por la Justicia Social que se llevó a cabo en 2019, en Portland, Oregon (www.montessoriforsocialjustice.org). El término supone ser una alternativa a "personas racializadas", pues este pone la blanquitud en el centro (al enfocarse en quienes son "no blancos" y, por lo tanto, están "racializados"). "Gente de la mayoría mundial" es mucho más incluyente y utiliza de forma consciente el concepto no marginalizante de "mayoría", con lo que reconoce que las personas consideradas "blancas" son minoría en el mundo, no la mayoría.

4   El 13 de julio de 2013, "tres organizadoras comunitarias radicales —Alicia Garza, Patrisse Cullors y Opal Tometi—crearon un proyecto y movimiento social llamado #BlackLivesMatter. Surgió en respuesta a la exoneración del asesino de Trayvon Martin, George Zimmerman" (www.blacklivesmatter.com/herstory). El 13 de julio de 2020 marcó el séptimo aniversario del movimiento Black Lives Matter, el cual obtuvo respaldo internacional tras los asesinatos de Breonna Taylo y George Floyd a manos de la policía en la primavera de 2020.

5   **Cita tomada de** *La mente absorbente*, de la doctora Maria Montessori

6   **Ayuda a la vida:** "Esta es la educación entendida como ayuda a la vida; una educación a partir del nacimiento, que alimenta una revolución exenta de toda violencia y que una a todos para un fin común y los atraiga hacia un único centro" —*La mente absorbente*, Maria Montessori

7   **Autoconstrucción:** "El ejemplo puede suscitar inspiración e interés, el deseo de imitar puede estimular el esfuerzo, pero incluso para poder realizar todo esto es necesario estar preparado, ya que en el campo educativo la naturaleza ha demostrado que, sin preparación no hay imitación posible. El esfuerzo no apunta a la imitación, sino a crear en sí mismo la posibilidad de imitar, a transformar por sí mismo la cosa deseada." —*La mente absorbente*, Maria Montessori

8   **El crecimiento de una semilla:** "Estas ideas fueron deducidas de las observaciones sistemáticas sobre la semilla de una planta, que ya contiene entre los dos cotiledones, una plantita en la que se reconocen raíces y hojas, y que más tarde al depositarse en la tierra se desarrolla en una planta, con todo lo preexistente en el germen. Por deducción se suponía un procedimiento análogo de reproducción en los animales y en el hombre." —*El niño, el secreto de la infancia*, Maria Montessori.

9   **La mente absorbente:** "Existen insectos que se asemejan a flores y otros que parecen palos. Estos insectos pueden ser citados a título de comparación con lo que ocurre en la sique del niño; viven en ramas y hojas, a las que se parecen tan perfectamente que forman una sola cosa con su ambiente. En el niño ocurre algo parecido. Absorbe el ambiente y se transforma en armonía con el mismo, igual como hacen los insectos con los vegetales sobre los que se posan. Las impresiones que recibe el niño del ambiente son tan profundas que, por medio de cierta transformación biológica o sicoquímica, termina asemejándose al ambiente mismo. Los niños se transforman y se convierten en las cosas que les gustan. Se ha descubierto que en cada tipo de vida existe este poder de absorber el ambiente y de transformarse en armonía con el mismo." —*La mente absorbente*, Maria Montessori

10   **Encarnación:** "Esta mente que lo recibe todo, que no juzga, no retrocede, no reacciona. Absorbe todo y todo lo encama en el hombre. El niño realiza la encarnación para ser igual a los demás hombres, para adaptarse a la vida con ellos." —*La mente absorbente*, Maria Montessori

11   **Períodos críticos/períodos sensibles:** "Un concepto importante en la investigación sobre el desarrollo es aquel de los períodos 'críticos' o 'sensibles'. Éstos son momentos en los que el cerebro está en un período activo de crecimiento y cambio. En estos momentos, las habilidades pueden necesitar de cierto grado de estímulo para desarrollarse por completo. Quizás se pueda ver como una ventana de oportunidad en la que practicar o enseñar la habilidad será más efectivo." —*El desarrollo mental de su hijo*, Jane M. Healy.

12   **Períodos sensibles/Hugo DeVries:** "Los seres en los que De Vries descubrió por primera vez los períodos sensitivos fueron los insectos, que tienen un período de formación muy conocido, porque experimentan metamorfosis que pueden observarse en laboratorios experimentales. Tomaremos como ejemplo el que cita De Vries, el de un humilde gusano que es la oruga de una vulgar mariposa; se sabe que las orugas crecen con rapidez alimentándose vorazmente, y que por tanto destruyen las plantas. Aquí se trata de una oruga que durante los primeros días de vida no pude alimentarse de las hojas grandes de los árboles, sino únicamente de las pequeñas hojas tiernas que se hallan en la extremidad de las ramas. No obstante, el hecho es que la buena mariposa madre va por instinto a dejar los huevos precisamente en el punto opuesto, es decir, en el ángulo que forma la rama en el punto donde se insiere al tronco del árbol, para preparar a la descendencia un lugar seguro y resguardado. ¿Quién indicará a las pequeñas orugas, apenas salidas del huevo, que las hojas tiernas que necesitan se hallan en el ápice extremo y opuesto de la rama? Pero la oruga está dotada de una viva sensibilidad hacia la luz: la luz la atrae, la fascina; y el gusanillo va saltando, con el movimiento característico de las orugas, hasta la extremidad de la rama; y de ese modo se encuentra, hambriento, entre las hojas tiernas que le proporcionarán alimento. Resulta extraño que, apenas terminado este período, la luz lo deja indiferente, el instinto queda amortiguado y se apaga por completo; ya ha pasado el momento de utilidad, y ahora la oruga camina por otros lugares, para buscar otras realidades y otros modos de vida. La oruga no ha quedado ciega ante la luz, sino solo indiferente." —*El niño, el secreto de la infancia*, Maria Montessori

13   **Período sensible al movimiento:** "El mecanismo del movimiento, por tanto, es muy complicado y refinado. En el hombre, antes del nacimiento no está preestablecido, y debe ser creado y perfeccionado a través de experiencias practicas sobre el ambiente. El número de músculos del hombre es tan grande que le permite realizar cualquier movimiento; por consiguiente, no hablamos de ejercicios de movimiento, sino de coordinaciones de movimiento." —*La mente absorbente*, Montessori

14   **Período sensible al lenguaje:** "¿Cómo se crea el lenguaje hablado después del nacimiento? [...] una concentración de la sensitividad en los centros del lenguaje; especialmente en el que recoge las palabras. La razón es que estos centros están destinados a captar el lenguaje, las palabras; parece que este potente mecanismo del oído responda y actúe solo en relación a sonidos especiales: la palabra hablada. De modo que la palabra solicita de repente el mecanismo de los movimientos que reproducirán el sonido. Si no existiera un especial aislamiento de la directiva de sensitividad y los centros fueran libres de recoger cualquier sonido, el niño podría reproducir los sonidos más singulares, particulares de los distintos ambientes de su vida y también los rumores de este ambiente. El hombre puede aprender a hablar precisamente porque la naturaleza ha construido y aislado estos centros para los fines del lenguaje." —*La mente absorbente*, Maria Montessori

15   **Período sensible al orden:** "la naturaleza da al niño la sensibilidad del orden para construirse un sentido interior que no se halla destinado a conocer la diferencia entre las cosas, sino las relaciones entre ellas y por eso las liga al ambiente formando un conjunto donde todas las partes dependen entre sí. [...] ¿De qué serviría la acumulación de las imágenes exteriores, si no existiera el orden para organizarlas? [...] Es el niño que ha dotado el espíritu del hombre de esta facultad, que podría asemejar un don de la naturaleza; y es la posibilidad de orientarse, de dirigirse para trazar su camino en la existencia. En el período sensitivo del orden, la naturaleza ha dado la primera lección." —*El niño, el secreto de la infancia*, Maria Montessori

16   **Características de los períodos sensibles:** "Se trata de sensibilidades especiales, que se encuentran

en los seres en evolución, es decir, en los estados infantiles, los cuales son pasajeros y se limitan a la adquisición de un carácter determinado. Una vez desarrollado este carácter, cesa la sensibilidad correspondiente. Cada carácter se establece con auxilio de un impulso, de una sensibilidad pasajera."
—*El niño, el secreto de la infancia*, Maria Montessori.

17   **Período sensible al orden al nacer:** Aunque aquí se discute el período entre 1 y 3 años, hay muchas evidencias de la existencia de una sensibilidad al orden en peques recién nacidos, en particular por su avidez por la rutina. Sin embargo, la descripción más común del período sensible al orden es un período de profunda necesidad de crear orden. Es esta manifestación de crear orden la que me inspira a discutir el período sensible al orden entre el primer y tercer año de vida. Como referencia, la Dra. Montessori sí describe la sensibilidad del recién nacido al orden en *El niño, el secreto de la infancia*: "...es necesario que los adultos que le rodeen se hallen instruidos en estos estudios de sicología infantil, y con tanto mayor motivo que el período sensible del orden se manifiesta precisamente en los primeros meses de la vida."

18   **"Guías", no "maestros":** "Es una cosa nueva, especialmente en el campo de la educación. No se trata de lavar al niño si esta sucio, de arreglar o cepillar sus vestidos; no *servimos* el cuerpo del niño; sabemos que si el niño debe desarrollarse debe hacer estas cosas solo; la base de nuestra enseñanza es que el niño no sea servido en este sentido. El niño debe adquirir independencia física bastándose a sí mismo; independencia de voluntad con la propia y libre elección; independencia de pensamiento con el trabajo realizado solo, sin interrupción. E l conocimiento del hecho de que el desarrollo del niño sigue un camino de sucesivos grados de independencia debe ser la guía de nuestro comportamiento hacia e l; debemos ayudar al niño a actuar, querer y pensar por sí mismo. Este es el arte del criado del espíritu, un arte que puede manifestarse perfectamente en el campo de la niñez."
—*La mente absorbente*, Maria Montessori

19   **Cita:** *Los primeros 1000 días*, Roger Thurow

La planta

20   **Cita:** *La mente absorbente*, Maria Montessori

21   **Yo:** 'Pronoun Acquisition' by Erin Vollmer MS, CCC-SLP, www.therapyworks.com

22   **"¡Yo sola!":** "Cuando se deja al niño un poco de espacio 'en el mundo y en el tiempo', este, como primera manifestación en su defensa, proclama: 'Yo, quiero hacerlo yo'. En el ambiente adaptado al niño preparado en nuestras escuelas, fue pronunciada por los mismos niños la frase que expresa esta necesidad interior: 'Ayúdame a hacerlo solo'." —*El niño, el secreto de la infancia*, Maria Montessori

23   **¡Máximo esfuerzo!:** "Se ha observado que a la edad de un año y medio, hay un factor muy importante y evidente tanto en el desarrollo de las manos como en el de los pies; este factor es la fuerza. El niño que ha adquirido agilidad y habilidad, se siente un hombre fuerte. Su primer impulso al hacer algo no solo es ejercitarse, sino, al hacerlo, realizar el máximo esfuerzo." —*La mente absorbente*, Maria Montessori

Las raíces: el movimiento

24   **Montessori y movimiento:** "Pasemos a examinar la organización del sistema nervioso en toda su complejidad. Ante todo, tenemos un cerebro y, luego, los sentidos, que recogen las impresiones para transmitirla a aquel; en tercer lugar, los músculos...El movimiento es la meta final del sistema nervioso: sin movimiento se puede hablar de individuo" —*La mente absorbente*, Maria Montessori

25   **Movimiento es aprendizaje:** "No todas las especies en el planeta tienen cerebro, y, si queremos saber para qué es el cerebro, tenemos que preguntarnos por qué desarrollamos uno. Podría pensarse que tenemos cerebro para percibir y pensar, pero eso sería erróneo. Si lo piensas a fondo, se hace

muy evidente por qué tenemos un cerebro: por una sola razón, que es para producir movimientos complejos y adaptables" —"The Real Reason for Brains", Daniel Wolpert. www.ted.com

26   **Mielinización:** "Los axones de la mayoría de las neuronas están recubiertas por una sustancia grasa, la mielina, que funciona como un aislante eléctrico y es esencial para el correcto flujo de la información... Todas las señales eléctricas corren por un axón, algunos de los iones se escapan, y la eficiencia de la transmisión se reduce. La mielinización resuelve este problema al sellar las fugas. De hecho, antes de estar mielinizadas, muchas fibras son incapaces de transmitir impulsos hasta su punto final, la sinapsis, pues pierden demasiada corriente iónica en el camino." —*What's Going on in There?*, Lise Eliot (p. 33)

27   **Progresión de la mielina:** "Ya que el desarrollo de la mielina en la espina dorsal se da de arriba hacia abajo, usamos la boca, los ojos y las manos con destreza antes que las piernas y los pies." —*El desarrollo mental de su hijo*, Jane M. Healy

28   **Los juguetes como auxiliares en el desarrollo:** "La principal diferencia que distingue este método de las llamadas 'lecciones objetivas' del estilo antiguo de enseñanza es que los objetos no son un apoyo para la maestra, quien debe de enseñar; es decir, no constituyen un medio de enseñanza. Son una ayuda para el niño, quien los escoge por sí mismo, se hace de ellos, los usa y se aplica con ellos de acuerdo con sus propias tendencias y necesidades, siempre y cuando siga interesado en ellos. Así, los objetos se convierten en medios de desarrollo. Los objetos, y no la enseñanza de la maestra, son el agente principal, y es el niño quien los usa, quien es el ser activo, no la maestra." —*El descubrimiento del niño*, Maria Montessori

29   **Cronograma del movimiento:** *What's Going on in There?*, Lise Eliot

30   **Preparar la habitación:** "El orden: las cosas en su lugar. Significa un conocimiento del arreglo de los objetos en los alrededores del niño, el recuerdo del lugar al que pertenece cada uno. Y esto significa que él puede orientarse a sí mismo en su entorno, poseerlo en todos sus detalles. Poseemos mentalmente un entorno cuando lo conocemos de forma tal que podemos navegarlo con los ojos cerrados, y encontrar lo que deseamos con solo estirar la mano." —*El niño, el secreto de la infancia*, Maria Montessori

31   **Cronograma de la vista:** *What's Going on in There?*, Lise Eliot
        Rango (p. 210)
        Seguimiento (p. 212)
        Maduración del color (p. 216)
        Percepción de profundidad (p. 218)

32   **Tapete de movimiento:** "Si a los recién nacidos se les colocada en una superficie con el suficiente espacio, harán movimientos muy lentos con el cuerpo entero. Este movimiento se lleva a cabo en dirección de las manecillas del reloj y puede observarse cuando hay suficiente espacio alrededor del bebé. Un colchón individual de tamaño normal o una cobija será suficiente." —*Un ser humano*, Silvana Quatrocchi Montanaro.

33   **Espejo bajo y horizontal:** "La mejor manera de ayudarles a los niños a desarrollar el libre movimiento durante los primeros doce meses es darles la cama grande y baja que ya describimos, dejarlos en el piso tanto tiempo como sea posible y evitar ponerlos en cualquier contenedor que pueda limitar sus movimientos. Debe haber un espejo en la esquina reservado para ellos que les ayudará a ver cómo realizan los movimientos." —*Un ser humano*, Silvana Quatrocchi Montanaro

34   **Móviles:** "El proceso de mielinización de las fibras nerviosas es muy veloz y comienza con los músculos de los ojos. El niño aprende a controlarlos en un mes, lo que le permite registrar mucho mejor lo que ocurre en su entorno. Este ya es un paso importante, pues implica la libertad para observar." —*Un ser humano*, Silvana Quatrocchi Montanaro

35   **Permanencia de objetos y ansiedad de separación:** "A los ocho meses es cuando los bebés pueden comenzar a tomar juguetes ocultos, una hazaña imposible para la mayoría a los seis meses. Es también cuando aparece la ansiedad de separación; la forma en que Natalie comienza a inquietarse cuando su madre desaparece de su vista [...] la habilidad conocida como permanencia de objetos,

que es esencial para el apego." —*What's Going on in There?*, Lise Eliot

36   **La segunda confianza básica:** "Los niños que gozan de libertad de movimiento sienten que pueden seguir sus propias ideas e intereses. La experiencia repetida de ver un objeto, alcanzarlo y explorarlo con las manos y boca produce la alentadora sensación de que cuando queremos algo podemos movernos y alcanzarlo." —*Un ser humano*, Silvana Quatrocchi Montanaro

37   **Autoestima:** "Este es otro paso importante en el desarrollo que trae consigo la habilidad de ir a buscar a la madre cuando el niño despierta, la recuerda y quiere verla. En este punto, el niño ya no necesita llorar para llamar su atención. Sabe lo que quiere (idea mental) y es capaz de obtenerlo no pidiéndolo, sino usando su habilidad para moverse y las nuevas capacidades de su cuerpo. ¡Cuán diferente es la situación de alguien que es capaz de hacer lo que quiere por sí mismo de la de alguien que debe constantemente pedir ayuda a otras personas!" —*Un ser humano*, Silvana Quatrocchi Montanaro

38   **La anécdota de la chamarra "fuera de lugar":** "La madre del niño llevaba su abrigo sobre el brazo, y el niño continuaba chillando. Finalmente, se me ocurrió sugerir a la madre que se pusiera de nuevo el abrigo; inmediatamente cesaron los gritos del niño, y feliz balbuceó 'to palda', queriendo decir: ahora va bien, un abrigo está hecho para ser llevado a la espalda. Y este episodio sirve para insistir ocasionalmente sobre el deseo de orden y la aversión al desorden propios del niño." —*La mente absorbente*, Maria Montessori

39   **La anécdota de la planta "extraviada":** "Mi madre cuidaba a mi hijo todos los mates en las mañanas mientras yo coordinaba un grupo de apoyo comunitario de "Mi Bebé y Yo" en una escuela cercana. Mi hijo y mi mamá tenían una rutina todos los martes: bajaban a jugar y luego subían a lavar la ropa. Había un rellano a la mitad de la escalera, donde esta daba la vuelta para subir al siguiente piso. Un día, cuando mi hijo tenía unos 14 meses, habían terminado de jugar y comenzaron a subir. Pero mi madre se había llevado la planta para regarla en el baño y, por lo tanto, no estaba en su lugar. Mi hijo gritó de tal manera que mi mamá creyó que había pisado una tachuela. Fue un grito tan repentino y penetrante como si se hubiera hecho daño. Le revisó todo el cuerpo en busca de una herida y no logró descifrar qué había ocurrido. Cuando se dio cuenta de que la planta no estaba, se le ocurrió ponerla de nuevo en su lugar y, al hacerlo, él se tranquilizó de inmediato y estuvo calmado y listo para subir las escaleras." —Mariana Bissonnette

40   **La mesa y la silla:** "Todo esto parece obvio, pero cuando expusimos este concepto por primera vez, la gente se sorprendió. Cuando nosotros preparamos para niños de tres a seis años un ambiente adecuado a ellos, de modo que puedan vivir en él como en casa propia, la gente se maravilló. Las pequeñas sillas, las mesitas, los servicios de mesa y de baño minúsculos, y las acciones reales de poner la mesa, limpiar In vajilla, barrer y quitar el polvo —además de los ejercicios para conseguir vestirse solos— impresionaron como tentativa original para la educación de los niños." —*La mente absorbente*, Maria Montessori

41   **Vida práctica:** "Nada nos sorprende más que verlo atento en los llamados ejercicios de vida práctica, pulir y sacar brillo a un recipiente de cobre, siguiendo exactamente las indicaciones que se le han dado, hasta que el recipiente esta reluciente. Luego veremos cómo vuelve a empezar el mismo trabajo con todos sus detalles y vuelve a sacar brillo al vaso ya reluciente varias veces. Esto demuestra que el propósito ulterior es tan solo un estímulo. Porque la verdadera finalidad proviene de impulsos internos; el propósito es pues formativo, es decir, que con la repetición del ejercicio el niño establece la coordinación de los movimientos." —*La mente absorbente*, Maria Montessori

42   **Fuga y tecnología:** "La mente que debía haberse construido a sí misma por medio de experiencias de movimiento huye hacia la fantasía. Esas mentes fugitivas comenzaron por buscar y no encontrar, deseaban apegarse y no lo lograron, y por tanto deambulan entre imágenes y símbolos. En lo que respecta al movimiento, estos vivaces niños nunca están quietos, pues su energía recorre las cosas sin posarse sobre ninguna." —*El secreto de la infancia*, Maria Montessori

43   **Tecnología de enseñanza:** "Su meta principal no debe ser 'enseñarle' a su bebé, sino ayudarle a descubrir cómo organizar la experiencia por sí solo. A los aprendices más activos se les alienta

a escoger sus propios materiales para construir la inteligencia." —El desarrollo mental de su hijo, Jane M. Healy

44   **Tiempo frente a la pantalla:** "Where We Stand: Screen Time", de la Academia Americana de Pediatría

45   **Dejar que tu peque camine:** "Teniendo presente este hecho, sabemos cómo comportarnos con el niño y tenemos una orientación muy útil: del mismo modo que debemos ayudarlo cuando lo precisa, no debemos ayudarlo cuando esta ayuda no le resulta necesaria. El niño capaz de andar solo debe caminar solo, porque esto refuerza cualquier otro desarrollo, y el ejercicio fija cada nueva adquisición. Si un niño a los tres años aún es llevado en brazos, como se ve a menudo, no se ayuda su desarrollo, sino que se obstaculiza. Apenas el niño ha adquirido la independencia de sus funciones, el adulto que quiere ayudarlo se convierte en un obstáculo para él." —*La mente absorbente*, Maria Montessori

46   **Recompensas y castigos:** "En la educación común la marca fundamental del educador es corregir, tanto en el campo moral como en el intelectual; la educación avanza según dos direcciones: dar premios o dar castigos; pero si un niño recibe premios y castigos, significa que no tiene la energía para guiarse y que se remite a la continua dirección del profesor. Los premios y los castigos, en cuanto resultan extraños al trabajo espontaneo del desarrollo del niño, suprimen y ofenden la espontaneidad del espíritu. Por esto no pueden darse en las escuelas que, como las nuestras, quieren defender y hacer posible la espontaneidad. Los niños dejados libres, son absolutamente indiferentes a los premios y a los castigos. La abolición de los premios no habría suscitado protestas: en el fondo, constituía una economía; y en todo caso los premios tocan a pocos, y en general a finales de curso. ¡Pero los castigos! Esto era otro asunto: los castigos tienen lugar cada día. ¿Qué significan las correcciones sobre el cuaderno de deberes? ¡Significa poner diez o cero! ¿Cómo puede representar una 'corrección' el cero? Entonces el profesor dice: 'Siempre cometes los mismos errores; no escuchas cuando hablo; en los exámenes os suspenderán'. Todas las anotaciones en los cuadernos, y las observaciones de las maestras, producen una reducción de la energía y del interés. Decir 'Eres malo' o 'eres estúpido' es humillante: es un insulto y una ofensa, pero no una corrección, porque el niño para corregirse debe mejorar, ¿y cómo puede mejorar si ya se halla por debajo de la media, y además de esto es humillado?" —*La mente absorbente*, Maria Montesori

Las raíces: el lenguaje

47   **Comunicación temprana en el lenguaje:** "Existe un aspecto de la comunicación que debe entenderse si los adultos desean ayudar a sus hijos de mejor manera. Todas las formas de comunicación le dan al niño bastante información sobre el mundo exterior, sobre las personas y objetos con los que el niño puede crear una relación, y sobre sí mismos." —*Un ser humano*, Silvana Quatrocchi Montanaro

48   **Hacerse escuchar:** "Aún necesitamos desarrollar nuestra consciencia sobre el significado de la comunicación; de otro modo, los sonidos o signos no llegan a la persona. La comunicación es superficial y el mensaje se pierde." —*Un ser humano*, Silvana Quatrocchi Montanaro

49   **Cronograma del lenguaje:**

       Lenguaje receptivo (0 a 9 meses):"Centers for Disease Control's Developmental Milestones," www.cdc.gov

       Lenguaje receptivo (Sabe alrededor de 50 palabras): :Early Developmental Milestones: Child Development:13–18 Month Communication Milestones," www.pathways.org

       Lenguaje expresivo (0 a 6 meses): "Language Development: Speech Milestones for Babies," www.mayoclinic.org

       Lenguaje expresivo (6 a 18 meses): *What's Going on in There?* (pages 370-3) by Lise Eliot

50   **Sobreextensión:** "Overextension in Early Language Development", Leslie A. Rescorla, *Journal of Child Language*

51   **Lenguaje durante la higiene:** "A diario surgen varias oportunidades para decir palabras mientras se tocan distintas partes del cuerpo: durante el baño y otros momentos de cuidado materno, nombrar objetos al preparar y servir la comida, o mientras se viste y se desviste al niño." —*Un ser humano*, Silvana Quattrocchi Montanaro

52   **Sustantivos primero:** "Al año y medio aproximadamente, el niño descubre otro hecho, y es que cada objeto tiene su propio nombre; esto significa que entre todas las palabras que ha oído, ha podido distinguir los nombres y especialmente los nombres concretos: es un paso maravilloso dentro del desarrollo. Para él existía un mundo de objetos, y ahora estos objetos están definidos por palabras." —*La mente absorbente*, Maria Montessori

53   **Nombrar la experiencia:** "¿Cómo sabemos exactamente qué es un 'perro'? Hay algunos perros bastante extraños por ahí, y sin embargo un adulto puede casi siempre decir con certeza, 'Ése es un perro'. ¿Cómo sabemos que algo es una silla y no una banca o un taburete? En algún lugar en nuestro cerebro albergamos imágenes mentales de un perro o una silla típicos que comparasmoscon cada nuevo animal u "objeto para sentarse" que encontramos. Si el nuevo se parece lo suficiente al prototipo, tenemos la confianza para usar esa etiqueta. El conocimiento sobre el significado de las palabras se almacena en el cerebro en 'redes semánticas' que conectan millones de prototipos de cosas, eventos y e incluso ideas abstractas como 'libertad' o 'piedad'. ¿Cómo desarrollan los niños las redes semánticas? A partir de experiencias de primera mano con objetos del mundo real y de oír las palabras asociadas con esos objetos." —*El desarrollo mental de su hijo*, Jane M. Healy

54   **Período sensible al lenguaje:** "Estos dos estudios al fin nos dan un panorama claro sobre la ventana crítica para la adquisición del lenguaje. El cerebro de un niño tiene su capacidad máxima de absorber el lenguaje, en particular las reglas y la lógica de la gramática, hasta los seis o siete años de edad [...] Una persona que está aislada de cualquier tipo de lenguaje [...] jamás dominará una lengua." —*What's Going on in There?*, Lise Eliot

55   **Entender el tiempo frente a la pantalla y el lenguaje:** "The Effects of Television on Speech Development: Does It Interfere?", Gwen Dewar, Ph.D., www.parentingscience.com

56   **Prejuicio y discriminación en el preescolar:** "Niños de apenas tres años inventaban complejas combinaciones de significados raciales tanto para sí mismos como para otros, e incorporaban relaciones sociales y características físicas para producir explicaciones de cómo su mundo se construía y mantenía en términos raciales. Los niños cambiaban las formas en las que empleaban sus explicaciones, lo que demostraba que estaban conscientes de la importancia del contexto y que estaban lidiando con una multitud de abstracciones." —The First R: How Children Learn Race and Racism, Debra Van Ausdale y Joe R. Feagin

Las condiciones: comer

57   **Preparación en el desarrollo para alimentos sólidos:** "Por ejemplo, el estómago empieza a segregar el ácido clorhídrico necesario para la digestión. A los seis meses también aparece el primer diente. Por consiguiente, tenemos un ulterior perfeccionamiento del cuerpo que se desarrolla según cierto proceso de crecimiento. Este desarrollo permite que a los seis meses el niño pueda vivir sin la leche materna, o por lo menos integrando la leche con otros alimentos. Si consideramos que el niño hasta aquella edad depende absolutamente de la leche de la madre porque no tolera ningún otro alimento y es incapaz de digerir, nos damos cuenta del alto grado de independencia que conquista durante ese período. Parece que el pequeño de seis meses diga: 'No quiero vivir a cargo de mi madre, soy un ser viviente y ahora puedo alimentarme de todo'." —*La mente absorbente*, Maria Montessori

58   **El aspecto social de la comida:** "Si no usamos el tiempo en el que los hábitos de alimentación cambian para cambiar también las relaciones, estamos perdiendo una oportunidad educativa y poniendo obstáculos en el camino del niño hacia la independencia [...] Los padres deben entender que, alrededor de los cinco o seis meses, el niño se ha convertido en un ser humano distinto, aún pequeño

en tamaño, pero mucho más avanzado en términos de desarrollo personal." —Un ser humano, Silvana Quattrocchi Montanaro

59   **Erupción de los dientes:** "Eruption Charts", Asociación Dental Americana, www.mouthhealthy.org

60   **Reflejo de extrusión:** "Feeding You 4-to7-Month-Old (for Parents)", Larissa Hrisch ed., www.kidshealth.org

61   **Calostro y leche materna:** "La evidencia médica y científica demuestra que la leche materna proporciona toda la energía, nutrientes y líquido que necesita un niño para el crecimiento corporal y cerebral durante los primeros seis meses de vida. Diversos estudios han descubierto que la composición nutricional de la leche de una madre se adapta a las necesidades de su bebé según la etapa de desarrollo y las amenazas provenientes de bacterias e infecciones. La primera leche, el calostro, está llena de anticuerpos vitales y es esencialmente la primera vacuna del niño." —*Los primeros 1000 días*, Roger Thurow

62   **Leche inicial/leche posterior:** "La leche inicial es la que está disponible cuando tu bebé comienza a comer; la leche posterior es la leche que tu bebé recibe al final de la comida. La leche inicial no es necesariamente baja en grasas: el contenido graso de la leche que se elimina varía dependiendo de cuánto tiempo lleve la leche acumulándose en los ductos y cuánto se haya vaciado la mama en ese momento. Conforme la leche se forma, la grasa de adhiere a los costados de las células productoras de leche, y la parte acuosa de la leche avanza por los ductos hacia el pezón, donde se mezcla con cualquier leche que haya quedado ahí de la última lactancia. Mientras más tiempo pase entre lactancias, más diluida estará la leche restante." —La Leche League International

63   **Fórmula y biberón:** "Los defensores de la lactancia tienen toda la razón al decir que la leche humana está diseñada a la perfección para nutrir a bebés humanos y que tiene propiedades únicas que no pueden replicarse en la fórmula [...] Lo que Guilt-Free Bottle-feeding busca mostrarte es que, si decides darle fórmula a tu bebé, ya sea desde el primer día o en el día 436, ya sea por sí sola en combinación con la leche materna, está bien. No le estás haciendo ningún daño a tu bebé. No eres mala madre [...] Nuestra meta es brindar un poco de equilibrio al tema de la lactancia y la alimentación de tu bebé." —*Guilt-free Bottle Feeding: Why Your Formula-fed Baby Can Be Happy, Healthy and Smart*, Madeleine Morris y Dr. Sasha Howard.

64   **El ritmo de las comidas:** "El niño tiene un ritmo propio, y esto ha sido reconocido ya por los especialistas, quienes apuntan que los niños no comen toda la comida que necesitan en un solo tirón, sino que interponen largas pausas en su lenta alimentación. Esto lo observamos en los bebés antes del destete. Dejan de mamar no porque estén llenos, sino para descansar, pues su ritmo no es solo lento, sino también intermitente." —*El secreto de la infancia*, Maria Montessori

65   **El sabor de la fruta:** "Esta fruta natural exprimida no tiene el propósito de proveer vitaminas o calorías. Se da solo como una fuente adicional de información sensorial relacionada con la comida." —*Un ser humano*, Silvana Quattrocchi Montanaro

66   **Separaciones y apegos:** "El parto es una gran separación de todo aquello que era parte del entorno previo, pero, si observamos la situación con detenimiento, veremos que la naturaleza ha planeado el nacimiento de una forma que facilita la transición y favorece sus aspectos positivos... La vida, en su perfección y sabiduría, transforma de inmediato la separación del parto en una relación de apego que tiene varias ventajas tanto para la madre como para su hijo." —*Un ser humano*, Silvana Quattrocchi Montanaro

67   **Participación en la familia:** "La participación en la vida diaria provoca un sentimiento de valía en la persona a quien se invita a participar en ella de forma activa [...] La experiencia básica de ser capaz de cambiar y transformar el entorno le da a la persona un sentimiento de valor personal que perdura por siempre. 'Tengo valor' se añade al invaluable sentimiento de 'Puedo hacer cosas', que luego se convierte en 'Puedo hacer cosas importantes'." —*Un ser humano*, Silvana Quattrocchi Montanaro

68   **Lactancia extendida y necesidades nutricionales:** "En el período de transición, cuando la leche materna o la fórmula maternizada ya no es suficiente para satisfacer los requisitos nutricionales de los

niños, otros alimentos y líquidos se van introduciendo gradualmente en la dieta en lo que se denomina alimentación complementaria. Esta etapa comienza generalmente en torno a los cuatro a seis meses de edad y continúa hasta el segundo cumpleaños. Estos dieciocho a veinte meses pueden marcar una delicada transición; constituyen la parte más larga de los 1000 días, formando el período crítico en que las deficiencias de nutrientes y las enfermedades pueden causar que los niños se queden atrás en las gráficas de crecimiento, mostrando señales de retraso en el crecimiento infantil." —*Los primeros 1000 días*, Roger Thurow

Las condiciones: el sueño

69   **El sueño y Montessori:** En El secreto de la infancia, la Doctora Montessori incluye una sección titulada "La cuestión del sueño" que refuta los argumentos a favor de la elongación del sueño en bebés (están hechos para dormir mucho más de lo que necesitan) y presenta la idea de la cama de piso. Sin embargo, no esboza el desarrollo del sueño a través del tiempo.

70   **Necesidades del sueño:** "Beyond Memory: The Benefits of Sleep", Robert Stickgold, *Scientific American*

71   **La cama de piso:** "Por lo tanto recomendamos —y muchas familias han seguido nuestro consejo— deshacerse de la vieja cuna del niño y que en su lugar se coloque una cama muy baja, de la que el niño pueda subir o bajar cuando lo desee. Esta pequeña y sencilla reforma resolverá varias dificultades que parecían no tener solución. Una pequeña cama baja, casi a la altura del piso, es económica, como todas las reformas que asistirán al niño en su vida mental, pues el niño necesita cosas sencillas a su alrededor, y por el contrario las cosas que existen para su beneficio han sido complicadas de forma tal que le resultan perjudiciales. En muchas familias, esta reforma se ha logrado al colocar un pequeño colchón en el piso sobre un tapete grande y suave, resultando en que el niño puede acostarse por sí mismo, dar las buenas noches con gusto y levantarse por la mañana sin despertar a nadie." —*El secreto de la infancia*, Maria Montessori

72   **Melatonina:** "La melatonina materna pasa por la placenta y puede orientar el reloj biológico del feto (Torres-Farfan et al. 2006). Sin embargo, después del parto, esta conexión hormonal íntima se rompe. Los recién nacidos deben desarrollar sus propios ritmos circadianos de producción de hormonas. Por desgracia para nosotros, esto toma tiempo (Kennaway 1996), y el proceso se complica con el hecho de que los recién nacidos necesitan comer cada par de horas. En consecuencia, los episodios de sueño de los recién nacidos tienden a ser breves y a estar distribuidos en intervalos más o menos regulares a lo largo del día [...] La mayoría de los bebés tarda alrededor de 12 semanas en dar indicios del desarrollo de ritmos diurnos y nocturnos en la producción de melatonina (Rivkees 2003)." —"Newborn Sleep Patterns: A Survival Guide for the Science-Minded Parent", Gwen Dewar, PhD., www.parentingscience.com

73   **Melatonina en la leche materna:** "La leche materna contiene triptófano, un aminoácido que el cuerpo utiliza para producir melatonina. Los niveles de triptófano aumentan y disminuyen según los ritmos circadianos maternos, y cuando los bebés consumen triptófano antes de acostarse, se duermen más deprisa (Steinberg et al.)." —"Newborn Sleep Patterns: A Survival Guide for the Science-Minded Parent", Gwen Dewar, PhD., www.parentingscience.com

74   **Madurez del sueño a los 4 meses:** "Un recién nacido saludable (libre de cólicos, reflujo u otras preocupaciones médicas) dormirá hasta que ocurra una de tres cosas: 1) hambre, 2) otra necesidad (pañal sucio/mojado), 3) el sueño ya no es necesario [...] Alrededor de los 3 o 4 meses, todo cambia. Todo. En este período, el sueño madura. Por ende, el sueño, en vez de ser un estado constante, se vuelve dinámico, y tu bebé comenzará a pasar por diferentes tipos de sueño, llamadas etapas del sueño. Las etapas del sueño siguen un orden predecible que fluye en ciclos. Estos ciclos de sueño duran entre 60 y 90 minutos a lo largo de la noche (a veces 120 minutos mientras se desarrollan) y están marcados por breves períodos en los que los bebés despiertan al final del ciclo. Este período de interrupción es la causa de la mayoría de los "problemas del sueño". Este mecanismo está diseñado para servir como protección (los adultos lo tienen también), pues le permite a tu bebé observar por un instante su entorno y preguntarse, '¿Estoy bien'?" —"The 'Four-Month Sleep Regression': What Is

It, and What Can Be Done about It", Erin Flynn-Evans, PhD, MPH, www.babysleepscience.com

75   **Las rutinas y el sueño:** "Proponemos que la implementación de una rutina regular antes de acostarse es beneficiosa para varios aspectos del sueño en la infancia temprana, incluyendo la latencia del sueño, la duración del sueño y la calidad y consolidación del sueño, y tiene beneficios que son igualmente importantes para el desarrollo y bienestar general del niño, incluyendo su salud, su desarrollo emocional-conductual, su alfabetización, las interacciones padre-hijo y el funcionamiento familiar, por mencionar solo algunos." —"Benefits of a Bedtime Routine in Young Children: Sleep, Development, And Beyond", Jodi A. Mindell y Ariel A. Williamson, *Sleep Medicine Reviews*

76   **Las rutinas y la luz natural:** "Cuando los padres incluyen a los recién nacidos en sus actividades diarias, los recién nacidos se adaptan con más rapidez al día de 24 horas (Custodio et. al. 2007; Lorh et. al. 1999) [...] Las señales de la luz pueden no sincronizar de forma inmediata los patrones de sueño del recién nacido, pero ayudan [...] El tiempo que se pasa al aire libre puede marcar una diferencia sustancial. Los bebés que salen de casa se exponen a niveles de luz solar mucho más altos que quienes están adentro todo el día y, por lo tanto, pueden desarrollar ritmos circadianos más fuertes (Tsai et al. 2012)." —"Newborn Sleep Patterns: A Survival Guide for the Science-Minded Parent", Gwen Dewar, PhD., www.parentingscience.com

Las condiciones: la higiene

77   **La higiene y las enfermedades:** "Un resultado de este mal acceso al agua segura y al saneamiento mejorado era que una cuarta parte de los niños de Uganda sufría diarrea o disentería grave. La diarrea eliminaba micronutrientes vitales del cuerpo y dejaba a los niños más débiles y más vulnerables a otras enfermedades e infecciones". —*Los primeros 1000 días*, Roger Thurow

78   **Bañar al bebé:** "Demasiados padres y adultos siguen sin entender el punto y tratan con el niño solo con el objetivo de lograr, lo más pronto posible, las tareas físicas más obvias: cambiar, vestir, bañar, etc... Lo que debemos hacer es explicarle nuestras acciones al bebé, de forma simple y breve, tocar las diferentes partes de su cuerpo con delicadeza, nombrarlas y pedirle que colabore con nosotros. Esta colaboración puede comenzar desde el nacimiento, pero requiere de un poco más de tiempo y de la confianza básica del niño, que es un ser humano inteligente y que ansía interactuar con nosotros." —*Un ser humano*, Silvana Quattrocchi Montanaro

79   **Los pañales "menos absorbentes":** Mi forma favorita de explicar qué tipo de pañal sería más parecido a uno de tela es aquel del que los padres se quejan y que recibe "malas reseñas". En general, las quejas son porque el pañal no retiene muchos líquidos (y requiere cambios más frecuentes) o que el pañal es incómodo cuando está lleno. Los dos "problemas" coinciden con el propósito de usar pañales de tela: el bebé siente incomodidad y no se acostumbra a mojarse.

80   **Elogios:** "Los padres creen que pueden infundirles a sus hijos una confianza permanente —como un regalo— si elogian su inteligencia y su talento. Pero eso no funciona así, y, de hecho, tiene el efecto contrario. Hace que los niños duden de sí mismos en cuanto algo se vuelve difícil o sale mal. Si los padres quieren darles a sus hijos un regalo, lo mejor que pueden hacer es enseñarles a disfrutar los retos, a sentirse intrigados por los errores, a disfrutar el esfuerzo y seguir aprendiendo. Así, sus hijos no tienen que ser esclavos del elogio. Tendrán una forma de construir y reparar su confianza que les durará toda la vida." —*Mindset: The New Psychology of Success*, Carol S. Dweck, PhD

81   **Ropa para la independencia:** "Si hemos logrado con éxito explicar la importancia del movimiento, se volverá obvio que la ropa adecuada ayudará en gran medida a un niño alcanzar el nivel de coordinación motriz e independencia personal necesaria para el desarrollo de un ser humano feliz y bien adaptado." —*Un ser humano*, Silvana Quattrocchi Montanaro

La jardinería

82   **Lazos y supervivencia:** "Los bebés están completamente a merced de las personas que los

trajeron al mundo [...] ¿Cómo lidian los bebés con estas preocupaciones? Intentando establecer una relación productiva con las estructuras de poder locales —en otras palabras, contigo— lo antes posible. A esto le llamamos apego. Durante el proceso de apego, el cerebro del bebé monitorea intensamente los cuidados que recibe. En esencia, está procesando cosas como: '¿Me están tocando? ¿Me están alimentando? ¿Quién es seguro?'" —Brain Rules for Baby: How to Raise a Smart and Happy Child from Zero to Five, Dr. John Medina

83   **La primera confianza básica:** "Al final del período simbiótico, el niño ha adquirido el conocimiento fundamental del nuevo entorno que siempre influirá en su visión del mundo. Si la visión es positiva, el niño tendrá una "confianza básica" del mundo y lo concebirá como un lugar en el que sus necesidades pueden satisfacerse [...] Esta confianza básica produce individuos optimistas que percibirán el mundo como un lugar hermoso y que creen, sin importar qué tan difíciles se tornen las circunstancias, que puede encontrar ayuda externa." —*Un ser humano*, Silvana Quattrocchi Montanaro

84   **Agencia:** "Aunque parezca difícil de creer, los sistemas motivacionales de su bebé ya están desarrollándose; un aspecto importante es una sensación de 'agencia', un término usado para describir el sentido que tiene una niña de que el mundo es un lugar seguro y que sus esfuerzos dan frutos ('Cuando lloro para pedir ayuda, alguien viene') [...] Los niños que desarrollan este sentido de 'agencia' son mucho más propensos a desarrollar una motivación positiva y convertirse en mejores estudiantes." —*El desarrollo mental de su hijo*, Jane M. Healy

85   **Falta de lazos:** "La incapacidad de encontrar la seguridad a través de los lazos, al llegar a una edad específica durante la infancia temprana, claramente causó un estrés inmenso en sus sistemas. Y ese estrés afectó el comportamiento de estos niños años después." —*Brain Rules for Baby: How to Raise a Smart and Happy Child from Zero to Five*, Dr. John Medina

86   **El tacto y la oxitocina:** "La oxitocina, por ejemplo, se libera en el cuerpo de la madre en respuesta al contacto piel con piel entre madre y bebé inmediatamente después del parto. Los pulsos de oxitocina inducidos por el contacto piel a piel son más duraderos que los observados durante el parto y la lactancia. La liberación materna de oxitocina es ocasionada por la activación de nervios sensoriales en la piel, que se activan con el tacto, la calidez y las caricias en conexión con el contacto piel a piel con el bebé, y también con movimientos como de masaje que el bebé hace con las manos (Nissen et al., 1995; Matthiesen et al., 2001)." —"Self-soothing Behaviors with Particular Reference to Oxytocin Release Induced by Non-noxious Sensory Stimulation", Kerstin Uvnäs-Moberg, Linda Handlin y Maria Petersson, *Frontiers in Psychology*

87   **Posparto y conexión:** "El parto —antes del advenimiento de la medicina moderna— solía provocar la muerte de la madre. Aunque nadie conoce la cifra exacta, hay proporciones tan escandalosas como una de cada ocho mujeres. Las tribus con mujeres que podían relacionarse con y confiar en mujeres cercanas tenían mayores probabilidades de sobrevivir. Las mujeres mayores, con la sabiduría de experiencias de parto previas, podían cuidar a las madres nuevas. Las mujeres con hijos podían proveer valiosísima leche para el nuevo bebé si su madre moría. El compartir y las interacciones sociales que lo acompañan proporcionaban, por lo tanto, una ventaja de supervivencia, según la antropóloga Sara Hardy [...] Las mujeres liberan oxitocina como parte de su respuesta natural al estrés, una hormona que incrementa un grupo de comportamientos biológicos conocidos como 'cuidar y hacer amistad' [...] La psicoterapeuta Ruthellen Josselson, quien ha estudiado estas relaciones, subraya su importancia: 'Cada vez que nos ocupamos más con el trabajo o la familia, lo primero que hacemos es dejar de lado amistades con otras mujeres. Las pasamos a segundo plano. Ése es un verdadero error, pues las mujeres son una fuente de fuerza para las demás." —*Brain Rules for Baby: How to Raise a Smart and Happy Child from Zero to Five*, Dr. John Medina

88   **El período simbiótico:** "En el caso de una madre y su recién nacido, esta vida simbiótica dura 6 a 8 semanas, y nos es de gran interés observar cómo los socios interactúan. La madre provee los alimentos correctos y con su presencia establece los puntos de referencia para el apego. El recién nacido, por su parte, le ofrece a la madre la tranquilidad de que lo que ha salido de su cuerpo no se pierde y ayuda a establecer una relación referencial y, al alimentarse de la mama, le ayuda al útero de la madre a contraerse y volver a su tamaño y posición normales." —*Un ser humano*, Silvana Quattrochi Montanaro.

89   **Cuatro planos:** *La mente absorbente*, Maria Montessori

90   **Cuadros de los cuatro planos:** Hacia el final de su vida, Montessori publicó dos tablas en las que se presentaban los cuatro planos: el cuadro de Bombilla y el cuadro Geométrico, que quisiera animar a mi público a revisar. Para una explicación no visual, el cuadro Geométrico presenta cuatro triángulos que conectan cada plano de 6 años (0-6, 6-12, 12-18, 18-24). Los triángulos que conectan el primer plano (0-6) con el tercero (12-18) están subdivididos en dos períodos de 3 años. Los extremos de estos triángulos subdivididos indican el punto medio (3 y 15). En esta tabla, la línea descendiente en los triángulos subdivididos (0-3 y 15-18) indican desarrollo y creación. La subsecuente línea ascendente del triángulo (3-6 y 15-18) indica un "refinamiento" de ese desarrollo (o, como lo llamaba Montessori: "el perfeccionamiento y enriquecimiento de aquellos poderes ya formados" [*La mente absorbente*]). La tabla de Bombilla delinea con claridad los períodos de 6-12 y 18-24 como un crecimiento estable del desarrollo con una delgada línea verde que contrasta con las brillantes bombillas rojas de los períodos de 0-6 y 12-18. Estas dos ideas conjuntadas crean el siguiente patrón: desarrollo, refinamiento, crecimiento.

91   **Embarazo externo:** "La madre y el niño necesitan permanecer juntos y seguir viviendo juntos porque, tras nueve meses de embarazo, el recién nacido no está listo para una vida independiente. Este ser humano aún no es capaz de comer comida adulta ni de moverse a su voluntad en el espacio [...] Desde el punto de vista del movimiento coordinado, el bebé humano es aún inmaduro y tardará entre ocho y nueve meses en empezar a gatear y poderse alejar cualquier distancia de la madre... Por esta razón, los nueve meses posteriores al embarazo pueden considerarse como un 'embarazo externo'." —*Un ser humano*, Silvana Quattrocchi Montanaro

92   **Crisis en el desarrollo:** En *Un ser humano*, la Dra. Montanaro describe la "crisis en el desarrollo" en la infancia temprana: el nacimiento, el destete y la oposición. De manera similar, en este libro he calculado "sucesos" que, según mi propuesta, dan inicio a períodos de desarrollo acelerado: concepción, nacimiento, movilidad y "yo". Aunque estas ideas se superpongan por momentos, la intención de los sucesos descritos en el cuadro de jardinería es que veas a tu peque en el contexto del ciclo de desarrollo, refinamiento, crecimiento.

El cuadro completo

93   **Cita:** *La mente absorbente*, Maria Montessori

Bibliografía

1. American Academy of Pediatrics. "Where We Stand: Screen Time." HealthyChildren.org, 2016. <www.healthychildren.org/English/family-life/Media/Pages/Where-We-Stand-TV-Viewing-Time.aspx>

2. American Dental Association. "Eruption Charts." Mouth Healthy TM, 2012. <www.mouthhealthy.org/en/az-topics/e/eruption-charts>

3. Blacklivesmatter.com "Herstory." Black Lives Matter, 2019. <www.blacklivesmatter.com/herstory>.

4. "CDC's Developmental Milestones." Centers for Disease Control and Prevention, 2020. <www.cdc.gov/ncbddd/actearly/milestones>

5. Dewar, Gwen. "The Effects of Television on Speech Development: Does It Interfere?" Parenting Science, 2020. <www.parentingscience.com/effects-of-television-on-children-learning-speech.html>

6. Dewar, Gwen. "Newborn Sleep Patterns." A Survival Guide, 2017. <www.parentingscience.com/newborn-sleep.html>

7. Dweck, Carol S. *Mindset*. London: Robinson, 2017.

8. Eliot, Lise. *What's Going on in There?: How the Brain and Mind Develop in the First Five Years of Life*. New York: Bantam, 2000.

9. Flynn-Evans, Erin. "The 'Four-Month Sleep Regression': What It Is and What Can Be Done About It?" Baby Sleep Science: Sleep Resource Center, 2018. < https://www.babysleepscience.com/single-post/2014/03/12/The-Four-Month-Sleep-Regression-What-is-it-and-What-can-be-Done-About-it>

10. "Foremilk and Hindmilk." La Leche League International, 2020. <www.llli.org/breastfeeding-info/foremilk-and-hindmilk>

11. Healy, Jane M. *Your Child's Growing Mind: Brain Development and Learning from Birth to Adolescence*. New York: Broadway, 2004.

12. Hirsch, Larissa. "Feeding Your 4- to 7-Month-Old (for Parents)." KidsHealth. The Nemours Foundation, 2017. <kidshealth.org/en/parents/feed47m.html>

13. Medina, John. *Brain Rules for Baby: How to Raise a Smart and Happy Child From Zero to Five*. Seattle, WA: Pear, 2014.

14. Mayo Clinic Staff. "Language Development: Speech Milestones for Babies." Mayoclinic.org, 2019. <www.mayoclinic.org/healthy-lifestyle/infant-and-toddler-health/in-depth/language-development/art-20045163>

15. Mindell, Jodi A, and Ariel A Williamson. "Benefits of a Bedtime Routine in Young Children: Sleep, Development, and beyond." Sleep Medicine Reviews. U.S. National Library of Medicine, 2018. <www.ncbi.nlm.nih.gov/pmc/articles/PMC6587181>

16. Montanaro, Silvana Quattrocchi. *Understanding the Human Being: The Importance of the First Three Years of Life*. Mountain View (CA): Nienhuis Montessori USA, 2007.

17. Montessori, Maria. *The Absorbent Mind*. Madras: Kalakshetra Publications, 1949.

18. Montessori, Maria. *The Discovery of the Child*. Adyar, India: Kalakshetra, 1949.

19. Montessori, Maria. *The Secret of Childhood*. London: Orient Longman, 1998.

20. Morris, Madeleine, and Dr. Sasha Howard. *Guilt-free Bottle-feeding: Why Your Formula-fed Baby Can Be Happy, Healthy and Smart.* Warriewood: Finch, 2014.

21. Pathways. "Early Developmental Milestones: Child Development: 13–18 Month Communication Milestones" Pathways.org, 2020. <pathways.org/growth-development/13–18-months/milestones>

22. Rescorla, Leslie A. "Overextension in Early Language Development." Journal of Child Language 7, no. 2, 1980. <repository.brynmawr.edu/cgi/viewcontent.cgi?article=1012&context=psych_pubs>

23. Stickgold, Robert. "Beyond Memory: The Benefits of Sleep." Scientific American, 2015. <www.scientificamerican.com/article/beyond-memory-the-benefits-of-sleep>.

24. Thurow, Roger. *The First 1,000 Days: A Crucial Time for Mothers and Children—And the World.* New York: PublicAffairs, 2017.

25. Uvnäs-Moberg, Kerstin, Linda Handlin, and Maria Petersson. "Self-soothing Behaviors with Particular Reference to Oxytocin Release Induced by Non-noxious Sensory Stimulation." Frontiers in Psychology. Frontiers Media S.A., 2015. <www.ncbi.nlm.nih.gov/pmc/articles/PMC4290532>

26. Van Ausdale, Debra, and Joe R. Feagin. *The First R: How Children Learn Race and Racism.* Oxford: Rowman & Littlefield, 2002.

27. Vollmer, Erin. "Pronoun Acquisition: Child Development." TherapyWorks, 2020. <www.therapyworks.com/pronoun-acquisition>

28. Wolpert, Daniel. "The Real Reason for Brains." TED Global 2011. <www.ted.com/talks/daniel_wolpert_the_real_reason_for_brains?language=en>